Die Kunst der Menschenkenntnis

JOHANNES DÖRFFLER

DIE KUNST DER MENSCHENKENNTNIS

MIMIK · GESTIK · KÖRPERSPRACHE

MOEWIG

2. Auflage
Die Originalausgabe erschien unter dem Titel
„Erkenne dich und deine Mitmenschen“

Bearbeitung: Dr. Petra Gallmeister
Umschlagentwurf und -gestaltung: Werbeagentur Zeuner, Ettlingen
Printed in Germany 1993
Druck und Bindung: Ebner Ulm
ISBN 3-8118-1100-2

Inhaltsverzeichnis

Der erste Eindruck

Da sitzt uns ein Fremder zum ersten Mal gegenüber – der neue Kollege zum Beispiel, oder der Nachbar, der erst gestern eingezogen ist – und beteuert freundlich lächelnd, er sei an einem guten Verhältnis zu uns interessiert.

Aber wir, die schon so oft von Mitmenschen enttäuscht worden sind, fragen uns: „Kann man ihm auch trauen? Wird er vielleicht schon morgen sein wahres Gesicht zeigen, sich als zänkisch oder herrschsüchtig erweisen und uns das Leben zur Hölle machen?"

In solchen Augenblicken wünscht sich wohl jeder einen unbestechlichen, alles durchdringenden Röntgenblick, mit dem man die Schwächen und Stärken des anderen sofort ausloten kann.

Diesen Röntgenblick aber gibt es nicht. Doch viele Männer und Frauen haben im Laufe der Jahre, mit zunehmender Lebenserfahrung ein feines Gespür für die Charakterstärken und -schwächen ihrer Mitmenschen entwickelt. Sie verfügen über eine Gabe, die wir als „Menschenkenntnis" bezeichnen.

Diese Fähigkeit beruht in erster Linie auf der Kunst, die vielen stummen Signale richtig zu deuten, die der andere ständig aussendet und die er langfristig nicht willkürlich beeinflussen und unterdrücken kann – also seine Blicke, seine Gesten, seine Körperhaltung.

Die Auswertung dieser wortlosen Nachrichten erfolgt meistens völlig unbewußt, ohne langes Nachdenken, und dennoch erkennen Leute mit guter Menschenkenntnis auf Anhieb, mit wem sie es zu tun haben. Nach kurzer Zeit durchschauen sie jedes noch so geschickt eingefädelte Täuschungsmanöver. Denn oft stehen die stummen Signale im krassen Widerspruch zu den freundlichen Worten.

Auf der anderen Seite verhindert eine gute Menschenkenntnis, daß man anderen unrecht tut, sie vorschnell als „verstockt“ oder „völlig uninteressiert“ einstuft – nur weil sie vielleicht vor lauter Schüchternheit nicht den Mund auftun.

Wer Menschenkenntnis besitzt, erspart sich manche bittere Erfahrung und vergibt nicht leichtfertig die Chance, blind an wertvollen Persönlichkeiten vorbeizugehen, die sich aus Bescheidenheit still im Hintergrund halten.

Bei der Einschätzung unserer Mitmenschen spielt der erste Eindruck eine ganz entscheidende Rolle, wobei man sich allerdings nicht allzu sehr von äußeren Eindrücken beeinflussen lassen sollte. Die Zeit, in der das Sprichwort „Kleider machen Leute“ Gültigkeit hatte, ist vorbei. Vor allem die weitverbreitete lässige Freizeitkleidung wirkt so uniform, daß beispielsweise abgeschabte Jeans und ein buntes T-Shirt wenig über den Charakter des Trägers aussagen. Und es gibt viele kluge, liebenswerte Leute, die wenig Wert auf ihre Kleidung legen, während Dummköpfe einen wahren Kleiderkult treiben.

Unter diesem Vorbehalt gilt, was meine lebenskluge

Mutter zu sagen pflegte, die eine erstaunliche Menschenkenntnis besaß: „Der erste Eindruck trügt nur selten."

Tatsächlich haben Psychologen herausgefunden, daß wir in der ersten Phase einer neuen Bekanntschaft besonders empfänglich für all die stummen Signale sind, die der andere aussendet. In den ersten Minuten werden alle Informationen genau registriert und ausgewertet. Später lassen die Sensibilität und die Aufmerksamkeit allmählich nach.

Wenn also der sechste Sinn schon bald meldet: Dieser Mensch ist mit Vorsicht zu genießen, dann sollte man auf der Hut sein. Umgekehrt darf man auch dem ersten positiven Eindruck getrost vertrauen.

Einer ernsthaften wissenschaftlichen Überprüfung hält die auf dem ersten Eindruck beruhende Menschenkenntnis allerdings nicht stand; denn es gibt keine allgemeingültigen Normen, und die Beweisführung für die Richtigkeit des spontan gefällten Urteils nimmt oft Jahre in Anspruch. Dann erst wissen wir, ob wir uns bei der ersten Begegnung getäuscht haben oder ob wir mit unserem Urteil richtig lagen.

Darum haben die Psychologen eigene Methoden entwickelt, um die Charakteristika eines Menschen möglichst genau zu ermitteln. Die sogenannte Psychodiagnostik, also die Durchleuchtung der menschlichen Seele mit Hilfe ausgeklügelter Tests spielt beispielsweise bei der Berufsberatung eine wichtige Rolle und soll gewährleisten, daß jeder den Arbeitsplatz findet, der seinen Anlagen entspricht.

Im Alltag aber sollten wir getrost unserem eigenen

Empfinden und damit auch dem ersten Eindruck vertrauen.

Vor allem Frauen entwickeln am Anfang neuer Beziehungen schnell so etwas wie den sechsten Sinn, der entweder zur Vorsicht mahnt oder grünes Licht für die Weiterentwicklung der Freundschaft gibt. Doch leider gehorchen längst nicht alle diesen Befehlen der inneren Stimme und laufen so wider besseres Wissen in ihr Unglück oder vertun die Chance, eine neue Partnerschaft einzugehen.

Amerikanische Psychologen befragten mehrere hundert Frauen, deren Ehen schon nach wenigen Monaten gescheitert waren. Die Mehrzahl der Befragten gab zu: „Eigentlich hat mich diese traurige Entwicklung nicht überrascht. Ich wußte von Anfang an, daß es nicht gutgehen konnte. Aber irgendwie wollte ich das nicht wahrhaben und habe den ersten Eindruck verdrängt."

Dem ersten Eindruck vertrauen heißt nicht, daß wir sofort ein vollständiges, unumstößliches Urteil über einen neuen Bekannten abgeben sollen. Besser ist es, den ersten Eindruck im Kopf zu speichern und den neuen Kollegen, den Nachbarn oder wer sonst zum ersten Mal unseren Weg kreuzt, weiterhin aufmerksam zu beobachten. Vergessen Sie nicht, was Sie bei der ersten Begegnung empfunden haben! Aber geben Sie sich selbst und dem anderen in den folgenden Tagen die Chance, weitere Informationen zu sammeln, damit sich das Bild abrunden kann.

Menschen verändern sich – vor allem in Ausnahmesituationen. Die Generation, die die Kriegs- und Nachkriegszeit bewußt miterlebt hat, konnte oft die Erfahrung machen, daß der eben noch Zaghafte in gefährlichen, lebensbedrohenden Augenblicken über sich hinauswuchs und zum Helden wurde, während sich derjenige, der forsch und selbstbewußt auftrat, als Feigling und Egoist erwies.

Außerdem werden auch Erwachsene stets von ihrer Umgebung, also auch von ihren Mitmenschen geprägt. Unter diesem Einfluß treten manchmal völlig neue Charaktereigenschaften zutage – positive und negative. Das alles macht eine gerechte Beurteilung nicht gerade leichter – zumal wenn der Mitmensch ganz anders geartet ist als man selbst. Denn es ist wissenschaftlich erwiesen, daß sich die Leute rasch erkennen und sich gegenseitig durchschauen, die ungefähr denselben Charakter haben. Erleichtert wird dieser Prozeß noch, wenn der zu Beurteilende demselben Geschlecht angehört. Frauen wissen bei Frauen schneller, woran sie sind, und ebenso haben Männer weniger Schwierigkeiten, sich ein schnelles Urteil über ihre eigenen Geschlechtsgenossen zu bilden.

Das muß daran liegen, daß man mit den Besonderheiten des eigenen Geschlechts besonders gut vertraut ist. Denn allen Emanzipationsbestrebungen zum Trotz gibt es das immer noch: typisch Frau, typisch Mann. Und diese geschlechtsspezifischen, meist anerzogenen Besonderheiten muß man mit berücksichtigen, wenn man mit seinem Urteil nicht völlig falsch liegen will.

Denn immer noch werden Knaben von Eltern und Erziehern dazu angehalten, sich kämpferisch, aktiv, fordernd und aggressiv zu geben und ihre Gefühle zu unterdrücken, während den Mädchen eher ein gefühlsbetontes, passives Verhalten anerzogen wird.

Diese traditionellen Erziehungsmuster sollte man nicht außer acht lassen, wenn man den Charakter eines Mannes oder einer Frau beurteilen will. Wenn er beispielsweise in traurigen Augenblicken keine Träne vergißt und sein Gesicht regungslos bleibt, heißt das noch lange nicht, daß er gefühlskalt oder abgestumpft ist. Er hat nur nicht gelernt, seine Gefühle offen zu zeigen.

Und wenn sie bei den ersten Annäherungsversuchen des Mannes einen abweisenden Eindruck macht, darf man nicht daraus schließen, daß sie an ihm überhaupt nicht interessiert ist. Nur macht es ihr die anerzogene Passivität schwer, ihm auch nur einen Schritt entgegenzukommen.

Eine andere Hürde, die die Charakterbeurteilung erschwert, ist die Tatsache, daß viele Zeitgenossen ihr wahres Ich hinter Masken verbergen. Staatsmänner richten sich nach den Empfehlungen ihrer Berater, die die Aufgabe haben, das Image aufzupolieren oder gar völlig zu verändern. So wird beispielsweise durch geschickt eingefädelte Selbstdarstellung in der Öffentlichkeit aus einem nüchternen Bürokraten rasch eine gütige, verständnisvolle Vaterfigur.

Nicht nur Prominente betreiben Image-Pflege, die von dem wahren Wesen ablenken soll. Immer wieder begegnen wir im Alltag Mitmenschen, die sich bewußt gefühlsbetont geben und bei jeder Gelegenheit – anscheinend ganz spontan – in Tränen oder in herzhaftes Lachen ausbrechen. In Wirklichkeit wollen sie mit dieser aufgesetzten Haltung über ihre eigene Gefühlsarmut hinwegtäuschen.

Es kann auch gut sein, daß der Kollege, der Ihnen

wegen seines selbstbewußten Auftretens so sehr imponiert, in Wirklichkeit ein ängstlicher, unsicherer und zaghafter Mensch ist, der mit der Maske „gespieltes Selbstbewußtsein“ durchs Leben geht. Wenn es um die Selbstdarstellung geht, die dazu dient, Charakterschwächen zu kaschieren, entwickeln manche Leute erstaunliche Energien und großen Einfallsreichtum.

Normalerweise erwartet man von jemand, der an einem Abend mit Überzeugungskraft liberale Ansichten vertritt, daß er auch am nächsten Tag zu seiner Überzeugung steht und nach seinen Theorien lebt. Doch wenn Sie Gelegenheit hätten, manche Personen auf Schritt und Tritt zu verfolgen, würden Sie bald Ihr blaues Wunder erleben und sich fragen: Ist das wirklich noch derselbe, den ich ein paar Stunden zuvor ganz anders kennengelernt habe? Denn derjenige, der sich gestern noch so modern und aufgeschlossen gab, spielt plötzlich den verstockten Konservativen, der alle Neuerungen entschieden ablehnt. Das Geheimnis dieser überraschenden Veränderung lautet: Es handelt sich um ein Individuum, das sein Mäntelchen nach dem Wind hängt, um stets auf andere einen guten Eindruck zu machen.

Wir alle unterscheiden uns in dem Bemühen, unsere Mitmenschen durch unsere Persönlichkeit beeindrucken zu wollen. Die eine Gruppe – und sie ist unüberschaubar groß – kontrolliert ständig ihre Wirkung auf die anderen und verändert ihr Verhalten, wenn es angebracht zu sein scheint, während sich die zweite Gruppe so gibt, wie sie wirklich ist.

Schon haben amerikanische Psychologen für diese „Eindrucksschinderei“ eine eigene Bezeichnung erfunden: impression management – zu deutsch: Eindruckslenkung. Das Wort „management“ ist durchaus gerechtfertigt; denn wer dauernd sein „Ich“ wechselt, braucht die Energie, die Kraft und das Planungsvermögen eines geschulten Managers.

„Eindrucksschinder“ haben sich gut unter Kontrolle. Mit feinen Antennen spüren sie auf, was gerade gefragt ist, und richten ihr Auftreten danach aus. Merken sie, daß sie auf dem Holzweg sind, dann rufen sie sich zur Ordnung und korrigieren schlagartig das eigene Verhalten.

Zur Entschuldigung dieser Wankelmütigen sei gesagt, daß sie sich ihres Täuschungsmanövers oft gar nicht bewußt sind, sondern von der Angst gelenkt werden, unangenehm aufzufallen. Sie selber halten sich für „flexibel“ und „äußerst anpassungsfähig“.

Es bedarf schon guter Menschenkenntnis, um nicht auf den Anpasser mit den vielen Gesichtern hereinzufallen. In einer Diskussion über lokale Umweltfragen, zu der linke Gruppierungen eingeladen hatten, erlebte ich einen jungen, sehr ehrgeizigen Mann mit, von dem ich wußte, daß er eine Karriere in der Kommunalpolitik anstrebte. Mit seiner bunten, etwas lässigen Kleidung unterschied er sich nicht von den übrigen Versammlungsteilnehmern, deren Auffassungen er voll und ganz zu teilen schien. Mit Nachdruck setzte er sich für die Einschränkung der Industrie und für mehr Umweltbewußtsein ein. Nur seine Stimme klang merkwürdig unbeteiligt – so als trage er etwas Auswendiggelerntes vor.

Ein paar Wochen später sah ich den jungen Mann wieder – diesmal auf einer Veranstaltung, zu der örtliche

Industrielle eingeladen hatten. Ich mußte zweimal hinschauen, um ihn zu erkennen; denn er trug einen dunklen Anzug mit Weste und Krawatte und setzte sich in der öffentlichen Diskussion für industrielles Wachstum ein, das nicht durch übertriebenes Umweltbewußtsein gehemmt werden dürfe. Und wieder hörte sich seine Stimme so an, als würden ihn seine eigenen Ausführungen nicht interessieren.

In einem der vielen politischen Lager wird der junge Mann mit den wechselnden Ansichten ganz bestimmt eines Tages Karriere machen. Aber um welchen Preis? Echte Freunde wird er nie haben; denn alle werden schnell herausfinden, daß er ein unsicherer Kandidat ist, und sein privates, wahrhaftiges Ich bleibt ebenfalls auf der Strecke, weil er über seine echten Gefühle nie Auskunft gibt.

In der Psychologie geht man davon aus, daß die Fähigkeit, sich Vertrauten gegenüber vorbehaltlos zu öffnen, die wichtigste Voraussetzung für seelische Gesundheit ist. Nur durch Selbstoffenbarung kommen wir zur Selbsterkenntnis.

Der amerikanische Psychologe Sidney Jourard schreibt dazu: „Durch meine Selbstenthüllung lasse ich andere in meine Seele blicken. Sie können sie nur dann wirklich erkennen, wenn ich sie selbst zu erkennen gebe. Ich glaube, offen gesagt, daran, daß ich meine eigene Seele nicht kennen kann, wenn ich sie nicht anderen enthülle. Ich nehme an, daß ich mich in Wahrheit erst in dem Moment selbst kennenlerne, in dem es mir gelungen ist, sie durch Selbstenthüllung einem anderen Menschen mitgeteilt zu haben.“

Oft ist die Maske auch reiner Selbstschutz. Während eines Krankenhausaufenthalts wurde ich von einer etwa 30jährigen Schwester gepflegt, über die ich mir bald ein Urteil gemacht hatte: kaltschnäuzig, mitleidlos und versteinert. Als ich mich einmal besonders über ihr barsches Auftreten geärgert hatte, fragte ich sie wütend: „Was hat Sie bloß dazu getrieben, Krankenschwester zu werden?"

Doch dann erlebte ich eines Abends mit, wie sie weinend am Bett eines kranken Kindes saß. Das schien so gar nicht zu dem Bild zu passen, das ich mir von ihr gemacht hatte. Ich war nachdenklich geworden und versuchte, mehr über sie zu erfahren. Später gestand sie mir: „Früher habe ich mit jedem meiner Patienten mitgelitten. Es hat mich fast wahnsinnig gemacht, daß ich nie genug Zeit hatte, um mir ihre Sorgen und Probleme anzuhören. An diesem Konflikt wäre ich fast zerbrochen. Es gab für mich nur eine Alternative: Entweder mußte ich meinen Beruf aufgeben, an dem ich sehr hänge, oder ich mußte mich hinter einer Maske verschanzen; sonst wäre ich zerbrochen."

Ich will Sie mit diesem Beispiel ermuntern, Mitmenschen offen zu fragen, warum sie sich so und nicht anders geben. Die meisten sind bereit, diese Fragen zu beantworten oder wenigstens den Versuch einer Erklärung zu machen. Immer werden Sie dabei Erstaunliches über andere erfahren.

Und auch das gehört zu den Schwierigkeiten, schnell ein gerechtes Urteil abzugeben. Manche Zeitgenossen geben sich große Mühe, alles zu unterdrücken, was sie verraten könnte. Man erkennt sie an dem starren Gesicht und an der verkrampften Körperhaltung.

In vielen teuren Managerschulen wird den Lehrgangsteilnehmern empfohlen, sich bei wichtigen Gesprächen mit dem Rücken zum Licht zu setzen, damit der Partner nicht die Mimik und andere Reaktionen ablesen kann. Und das ist nur einer von vielen Tricks, sich nicht in die Karten oder, genauer gesagt, nicht ins Herz blicken zu lassen.

Es ist also gar nicht so leicht, andere richtig einzuschätzen. Doch diese Schwierigkeiten sollten uns nicht davon abhalten, die Kunst der Menschenkenntnis zu erlernen. Es lohnt sich; denn durch die eingehende Beschäftigung mit anderen Leuten lernen wir auch unsere eigene Seele kennen.

Was der Körperbau verrät

Schon immer haben Menschen versucht, aus irgendwelchen spezifischen Körpermerkmalen Rückschlüsse auf ganz bestimmte Wesenszüge zu ziehen. Bei diesen Versuchen sind nur wenige halt- und brauchbare Erkenntnisse erzielt und zahlreiche, völlig unsinnige Theorien aufgestellt worden – zum Beispiel die diskriminierende Behauptung, Personen, deren Ohrläppchen angewachsen sind, würden sich durch eine erstaunliche verbrecherische Energie auszeichnen. Eine gewisse Orientierungshilfe kann die von dem deutschen Psychologen Ernst Kretschmer aufgestellte Konstitutionstypologie bieten, die seit langem Gültigkeit hat. Er unterteilte die Menschen nach ihrem Körperbau in drei Gruppen, denen er ganz bestimmte psychische Eigenschaften zuordnete.

Pyknische Menschen fallen durch ein breites Gesicht mit hoher gewölbter Stirn auf. Sie haben meistens ein Doppelkinn und einen kurzen dicken Hals. Die Glieder sind zwar zart, aber die Figur macht einen gedrungenen Eindruck. Sie setzen sehr leicht Fett an.

Pykniker gelten als gutmütig, lustig und ausgeglichen. Sie sind nicht besonders zielstrebig, aber dafür anpassungsfähig, mitteilsam und gewandt.

Leptosome Männer und Frauen haben eine hagere Gestalt mit schmalen Schultern und flachem Brustkorb. Sie sind meistens hoch aufgeschossen und schlaksig.

Dieser Typ zeichnet sich durch ein empfindliches Wesen aus, ist zielstrebig und beschäftigt sich gerne mit abstrakten Vorgängen, wobei er sich allerdings als sehr sprunghaft erweist. Er ist zurückhaltend und legt keinen Wert auf Geselligkeit.

Der athletische Mensch wirkt robust, hat breite Schultern, einen kräftig entwickelten Brustkorb, aber schmale Hüften.

Diesen Typ bezeichnet Kretschmer als unsensibel, sehr belastungsfähig, pedantisch. Er liebt die Geselligkeit, in der er sich aber meistens passiv verhält.

Wohlgemerkt: Diese Einteilung hat nur einen ganz allgemeinen Aussagewert, der durch weitere Informationen ergänzt werden muß, wenn man einen Mitmenschen gerecht beurteilen will.

So erzählen vor allem die Hände ganze Romane. Das Deuten der Handlinien, die Entzifferung dieser sehr individuellen geheimen Chiffren sollte man allerdings erfahrenen Handlesern überlassen und die Aufmerksamkeit lediglich auf die Form der Handflächen und Finger lenken.

Lange, schmale Hände mit spitz zulaufenden Fingern, die oft als Idealisten-Hände bezeichnet werden, verraten: Dieser Mensch ist weltfremd und für praktische Arbeiten ungeeignet. Er neigt sehr schnell zur Schwärmerei, ja hin und wieder sogar zum Sektierertum. Alle leiblichen Genüsse interessieren ihn nicht. Häufig haben Männer und Frauen mit Idealisten-Händen große Schwierigkeiten, ihren Alltag zu meistern, und flüchten sich dann in eine Scheinwelt.

Kegelförmige Hände mit extrem breiten Handflächen

und spitz zulaufenden Fingern gehören meistens Menschen, die rasch zu begeistern sind und über einen angeborenen Schönheitssinn verfügen. Sie genießen das Leben, sind aber sehr sensibel und rasch gekränkt. Das macht den Umgang mit ihnen manchmal sehr schwer.

Als Philosophen-Hände bezeichnet man zierliche Hände, bei denen die Finger und die Handfläche in einem ausgewogenen Größenverhältnis zueinander stehen. Manchmal haben sich an den Gelenken kleine, auffällige Knötchen gebildet. Weltfremde Grüblernaturen haben solche Hände. Schnell verlieren sie den Sinn für die Realität und ziehen sich dann in ihr Schneckenhaus zurück. Abstraktes Denken ist ihre große Stärke. Für praktische Arbeiten sind sie ungeeignet.

Eine breite Handfläche mit breiten Fingern, also eine Hand, der man auf Anhieb zutraut, daß sie fest zupacken kann, signalisiert: „Ich bin ein sehr aktiver Mensch, der um jeden Preis Erfolg haben möchte." Der Ehrgeiz macht diese Leute unberechenbar; denn bei der Verfolgung ihrer Ziele sind sie oft rücksichtslos.

Die quadratische Hand ist ein weit verbreiteter Hand-Typ. Die Hand wirkt kräftig und eckig. Ja sogar die mittellangen Finger machen einen kantigen Eindruck. Pflichttreue, Sparsamkeit, Fleiß und Disziplin sind die positiven Eigenschaften der Leute mit quadratischen Händen. Was sie sagen, meinen sie auch. Nur ungern gehen diese Menschen irgendein Risiko ein.

So ausgeprägt wie die einzelnen Typen hier beschrieben wurden, treten sie nur selten auf. Häufiger sind sogenannte Mischformen, bei denen mehrere Merkmale beobachtet werden können. Und das entspricht genau dem Charakter des Menschen, der sich bekanntlich auch aus mehreren sehr unterschiedlichen Wesenszügen zusammensetzt.

Im Zweifelsfall gibt die Form der Finger weitere Auskünfte über das Wesen.

Sehen die Finger wie kleine Löffel aus, die sich an den Spitzen spatenförmig verbreitern, dann können wir davon ausgehen, daß wir es mit einem Menschen zu tun haben, der ehrgeizig ist, einen festen Willen hat, der oft mit Sturheit verwechselt wird. Hat er sich ein Ziel gesetzt, dann läßt er sich durch nichts mehr aufhalten und geht seinen Weg.

Bei Leuten mit spitz zulaufenden Fingern ist Vorsicht geboten. Denn sie gelten als launisch, neigen zu Intrigen und greifen ohne jeden Skrupel zu Notlügen.

Eckige, quadratische Finger sind ein Zeichen für Tatkraft und Zuverlässigkeit. Mit diesen Leuten kann man Pferde stehlen.

Und was ist, wenn die Aussage der Finger in krassem Widerspruch zu dem gesamten Handtyp steht? Dann können Sie davon ausgehen, daß Sie es mit einer schillernden, vielseitig interessierten Persönlichkeit zu tun haben.

Eine, wenn auch – wie bei der Beurteilung der Hände – sehr beschränkte Orientierungshilfe bietet die Form des Schädels.

Eiförmige Köpfe, die sich nach oben verjüngen, sind ein Hinweis auf ausgeprägte praktische Fähigkeiten. Leute mit dieser Schädelform sind zuverlässig, aber ein bißchen denkfaul.

Verjüngt sich der eiförmige Kopf dagegen nach unten

in der Kinnpartie, dann gilt das als Hinweis auf ein reges Gefühlsleben. Meistens handelt es sich um sehr phantasiebegabte Leute, die schnell zu begeistern sind, aber ebenso schnell das Interesse an einer Sache verlieren, für die sie sich noch gestern mit Nachdruck eingesetzt haben.

Ein quadratischer Schädel gilt als Hinweis auf folgende Charaktereigenschaften: Klugheit, Durchsetzungsvermögen, Organisationstalent und Willensstärke. Die Anpassungsfähigkeit ist allerdings häufig ziemlich unterentwickelt, so daß diese Leute manchmal Schwierigkeiten mit Mitmenschen haben, die es gut mit ihnen meinen.

Runde Köpfe (Vollmondgesicht) lassen den Rückschluß zu, daß wir es mit einem Menschen zu tun haben, der zwar über große Energien verfügt, aber zu Denkträgheit neigt. Ein weiteres Wesensmerkmal ist die Eitelkeit.

Bei der Beurteilung eines Gesichts muß man beachten: Die Stirn gibt Auskunft über die schöpferischen Kräfte und über die Intelligenz. Je größer und auffälliger die Stirn ist, desto empfindsamer und intelligenter ist man. Die Partie von dem Nasenansatz bis zur Unterlippe gibt Auskunft über die Gefühlswelt, über die heimlichen Träume und Sehnsüchte. Je ausgeprägter diese Partie ist, desto gefühlvoller ist der Mensch.

Am Kinn lassen sich die inneren Energien ablesen. Ein ausgeprägtes Kinn heißt soviel wie: „Ich strotze vor Kraft und möchte meine Fähigkeiten unter Beweis stellen."

Aber auch die Form und Größe der Nase sind Schlüssel zu verborgenen Wesensmerkmalen. Dazu soll hier folgende Faustregel aufgestellt werden: Große Nasen weisen auf starkes Selbstbewußtsein hin – gleichgültig, ob es gerechtfertigt ist oder nicht. Leute mit großen

Nasen beanspruchen Führungsrollen und ordnen sich nur ungern unter. Das andere Extrem – eine kleine Nase – verrät: naive Lebensfreude, mangelnde Willenskraft, nur schwach entwickeltes Selbstbewußtsein.

Weitere Auskünfte über den Charakter kann man von der Form der Lippen ablesen. Ein zusammengekniffener Mund gilt als Hinweis auf Hemmungen, die sich vor allem auf die Sexualität auswirken.

Wenn Männer und Frauen ihre eigenen Schwächen sehr genau kennen, versuchen sie oft, sich selbst zu kontrollieren und zu beherrschen. Das führt dann zu Verkrampfungen des Mundes.

Ist der Mund groß und breit, so hat man es meistens mit einer Person zu tun, die sich ihres Lebens freut, großzügig ist, aber sich oft als unzuverlässig erweist.

Ein kleiner Mund weist auf Egoismus und kleinliches Verhalten hin.

Etwa ab dem dritten Lebensjahrzehnt treten im Gesicht Spuren zutage, die der Existenzkampf mit all seinen Höhen und Tiefen eingegraben hat. Ist das Antlitz eines erwachsenen Menschen faltenlos, dann liegt der Verdacht nahe, daß er gefühlskalt und wenig sensibel ist. Nichts, was er gesehen und erlebt hat, konnte ihm etwas anhaben. Vorsicht ist also in solchen Fällen geboten. Es kann sich unter Umständen um einen aalglatten, oberflächlichen Burschen handeln. Bei Frauen muß man allerdings prüfen, ob nicht die Spuren des Lebens geschickt mit Hilfe von Make-up vertuscht worden sind, so daß der Eindruck eines glatten, faltenlosen Gesichts entsteht.

Hängen die Mundwinkel tief nach unten, dann haben

wir es mit einem Mann oder einer Frau zu tun, die sehr verbittert und vom Leben enttäuscht ist.

Emporgeschwungene Mundwinkel verraten dagegen Optimismus und die Fähigkeit, das Leben zu genießen. Sogenannte „Krähenfüße“ rund um die Augen gelten als sichtbares Zeichen für Mutterwitz, Humor und Lebensfreude.

Querfalten auf der Stirn – Dackelfalten – weisen auf Konzentrationsfähigkeit, aber auch auf ständige Überforderung hin.

Tränensäcke unter den Augen sind so etwas wie Visitenkarten der Seele, aus denen der geübte Fachmann eine starke Genußfähigkeit ablesen kann.

In jüngster Zeit haben amerikanische Psychologen noch ein weiteres verräterisches Indiz entdeckt, an dem sich menschliche Eigenarten ablesen lassen: Ungepflegte, kranke, abgebrochene Zähne gelten danach als Hinweis auf Verantwortungslosigkeit – es sei denn, finanzielle Gründe sind schuld daran, daß jemand den Weg zum Zahnarzt scheut und sein Gebiß nicht sanieren läßt. Grundsätzlich aber gilt: Wer seine Zähne vernachlässigt, ist ein unsicherer Kandidat.

Über die wichtige Informationsquelle „Auge“ wird in dem folgenden Kapitel ausführlich berichtet.

Die Augen – Fenster der Seele

Die Augen können nicht nur Auskunft über den Charakter eines Menschen geben, sie verraten auch seine augenblickliche Stimmungslage. Beschäftigen wir uns zuerst mit der Form und dem Stand der Augen.

Liegen die Augen weit auseinander, dann haben wir es meistens mit einem sehr realistisch eingestellten Menschen zu tun, der auch beim Auftauchen irgendwelcher Schwierigkeiten nicht aufgibt.

Eng zusammenstehende Augen weisen dagegen auf einen schwierigen Charakter hin – also auf Leute, mit denen nicht immer gut Kirschen essen ist. Sie neigen zu Grübeleien und schrecken nicht vor Intrigen zurück.

Kleine Augen (Schweinsaugen) verraten: Schlauheit – gepaart mit gesundem Mißtrauen – und die Fähigkeit, heikle Situationen geschickt zu umgehen.

Leute mit tief liegenden Augen haben häufig ein starkes Gefühlsleben, das sich oft jeder Kontrolle entzieht. Sie lieben und hassen immer mit der gleichen Heftigkeit.

Vorstehende Augen gelten in der Charakterkunde als Indiz für Lebenslust. Wer durch vorstehende Augen auffällt, ist in der Regel sinnlich veranlagt und hat Freude an schönen Dingen.

Auf diesem Gebiet sind allerdings Fehleinschätzungen und Vorurteile weitverbreitet. So glauben viele immer noch, Männer und Frauen mit geschlitzten Augen (Chinesenaugen) seien heimtückisch und verschlagen. Das ist natürlich blanker Unsinn – genau wie die Behauptung, Menschen mit auffallend großen Augen seien besonders lieb und einfach zu führen.

Klarer und eindeutiger sind die Informationen, die wir durch den Blick, also durch den natürlichen Augenausdruck erhalten.

Das weit aufgerissene Auge signalisiert schlagartig einsetzende Aufmerksamkeit oder plötzliche Alarmbereitschaft. Es kann auf Entsetzen, Erstaunen, auf hochgespannte Erwartungen, auf totale Hilflosigkeit, aber auch auf übermäßige Freude (dann meistens mit Glanz in den Augen verbunden) hinweisen.

Das voll geöffnete Auge, das nicht auf ein bestimmtes Ziel ausgerichtet ist, spricht für Offenheit, Vertrauen und Sensibilität.

Deckt das Oberlid einen Teil des Auges ab, ist es also verschleiert, so kann das auf ganz unterschiedliche Stimmungen hinweisen: Gleichgültigkeit, Trägheit, Resignation, aber auch totale Hingabe an den Partner. Die übrige Umwelt wird dann nicht mehr wahrgenommen.

Ist bei diesem Blick zusätzlich ein Mundwinkel leicht hochgezogen, dann ist meistens Hochmut mit im Spiel.

Augen, die sich plötzlich zu Schlitzen verengen, gelten als Hinweis auf erhöhte Konzentration – auch im Sinne von: „Achtung, ich bin auf der Hut."

Schließt jemand im Gespräch für kurze Zeit beide Augen, um sie dann sofort wieder zu öffnen, drückt das aus: „Ich ziehe mich kurzfristig zurück, um einen Eindruck zu verarbeiten oder um ein schönes Erlebnis voll auszukosten."

Das durch schnellen Lidschlag hervorgerufene Blinzeln darf als Eingeständnis der Nervosität und der Unsicherheit gewertet werden, wenn es nicht gerade durch eine Augenkrankheit hervorgerufen wird.

Ohne ein Wort zu verlieren, können wir allein mit Hilfe der Sprache unserer Augen einen Mitmenschen ermutigen, glücklich machen, aber auch zutiefst beleidigen und sogar vernichten.

Bestimmt haben auch Sie schon einmal eine ähnliche Szene erlebt: Ein Fremder kommt uns auf der Straße entgegen, wendet den Blick nicht ab, sondern starrt uns an, als ob wir ein Tier im Zoo wären, so daß wir uns sehr unbehaglich fühlen.

Und genau das will sein frecher Blick sagen: Du bist für mich kein wertvoller Mensch, vor dem ich Achtung habe, sondern ein Schauobjekt, das ich getrost anstarren darf.

Vor einiger Zeit erlebte ich als Berichterstatter einen Prozeß mit, bei dem sich ein bizarr gekleideter junger Mann, ein Punker mit grasgrüner Hahnenkamm-Frisur und auffälliger Tätowierung am rechten Oberarm, vor Gericht verantworten mußte, weil er auf offener Straße – anscheinend völlig grundlos – einen 55jährigen Frührentner brutal zusammengeschlagen hatte. Als der Richter den jugendlichen Angeklagten eindringlich nach den Motiven seiner Gewalttat befragte, erklärte er: „Er hat mich so komisch angeguckt und damit angemacht."

Das modische Wörtchen „angemacht" steht hier für „provoziert". Und genau das wollte das Opfer der Schlägerei mit seinem starren Blick tun. Er wollte dem jungen

Mann zu verstehen geben: „Ich verachte dich, weil du anders bist als ich.“

Normalerweise verläuft eine Begegnung auf der Straße nach folgendem Schema: Die Entgegenkommenden schauen sich offen an, bis sie sich auf drei Meter genähert haben. Dann senken beide die Augen. Das bedeutet: Ich habe dich gesehen, ich achte dich und ich habe keine Angst vor dir.

Übrigens gibt es, was die Dauer des Blickkontaktes anbetrifft, von Land zu Land, von Kultur- zu Kulturkreis erhebliche Unterschiede. Nach wissenschaftlichen Erhebungen blicken beispielsweise Griechen Fremde länger an als Engländer. Und auch wenn man später ins Ausland geht, behält man für immer die in der Kindheit erlernten Regeln des ersten Blickkontaktes.

Zu den verletzenden, kränkenden Blicken gehört auch der ins Leere gerichtete Blick, der den Menschen aus Fleisch und Blut gar nicht wahrzunehmen scheint. Diesen Spezialblick habe ich zum ersten Mal bei einer wohlhabenden Dame beobachtet, die auf diese Weise ihren Bediensteten begegnete. Und mir fiel bald auf, daß auch das Personal, das Hausmädchen, die Gesellschafterin und der Gärtner, die gnädige Frau mit demselben leeren Blick betrachteten. Indem sie so taten, als würden sie ihre Arbeitgeberin gar nicht wahrnehmen, entledigten sie sich jeder Verantwortung für die kränkelnde, schwer gehbehinderte Frau, für die sie verständlicherweise keine Zuneigung empfanden.

Blicke können auch eine stumme Aufforderung sein. Der Redner, der am Ende seiner Ausführungen seine Zuhörer mit einem offenen Blick anschaut, signalisiert damit den Schluß seiner Rede und ermuntert gleichzeitig das Publikum, Stellung zu seinem Vortrag zu nehmen. Ob eine Diskussion lahm verläuft oder leidenschaftlich geführt wird, hängt nicht zuletzt von der Ausdruckskraft der Augen ab, mit denen der Diskussionsleiter die Teilnehmer zur Wortmeldung auffordert.

Die unheimliche Macht der Augen haben wir alle schon einmal kennengelernt, wenn wir gezwungen waren, einen Mitmenschen zu belügen. Das fällt uns immer dann besonders schwer, wenn er uns in die Augen schauen kann. Am Telefon dagegen, bei dem Blickkontakte nicht möglich sind, gehen uns die Lügen viel leichter über die Lippen.

Allein an der Art und Weise, wie sich zwei Menschen anschauen, läßt sich ablesen, wie sie zueinander stehen. Leute, die sich gegenseitig vertrauen und respektieren, suchen immer wieder Blickkontakt und halten dem Blick des anderen stand, ohne sich dabei unbehaglich zu fühlen.

So sehen sich beispielsweise Liebende gegenseitig in die Augen.

Schaut jemand während der Unterhaltung an seinem Gesprächspartner vorbei, will er damit ausdrücken: Ich möchte mit dir über etwas reden, was für mich sehr wichtig ist. Und bitte unterbrich mich jetzt nicht.

Tests haben ergeben, daß Paare, die sich gegenseitig etwas mitteilen wollen, grundsätzlich während der Mitteilung an dem anderen vorbeisehen.

Blicke können auch Alarmsignale sein. Ein unruhiger, flackernder Blick weist auf erhöhte Reizeinflüsse hin. Die Eindrücke werden nicht mehr verarbeitet. Der Mensch fühlt sich überfordert.

Der sich ständig wiederholende unruhige Suchblick heißt übersetzt: Komm mir nicht zu nahe; denn ich bin meiner Sache noch nicht ganz sicher.

Das zweite Gesicht

Eines der jüngsten Kapitel in der Geschichte der Körpersprache ist auch zugleich das amüsanteste. Die Rede ist von der „Popologie". Erst in jüngster Zeit fanden Forscher heraus, daß sich bestimmte charakterliche Grundlagen und seelische Zustände auf die Gesäßmuskulatur auswirken und sie nach eigenen Gesetzen formen.

So nennt man den Po scherzhaft auch das „zweite Gesicht", weil er ähnlich wie das Antlitz des Menschen ganz individuelle, unverwechselbare Züge trägt, die manches über das Wesen verraten.

Für die Psychologen gilt der Bereich des Beckens und des Gesäßes als Zentrum der Gefühle und der sexuellen Energie. Sehr schlanke Männer und Frauen, deren Gesäßmuskulatur auffallend schwach entwickelt ist, so daß der Po wie ein flaches Brett wirkt, verfügen über nur wenig Energie. Sie wirken auch im Erwachsenenalter unreif und unselbständig und sind immer auf der Suche nach Mitmenschen, die ihnen Schutz und Geborgenheit vermitteln können.

Steht das flache, unterentwickelte Hinterteil in einem Mißverhältnis zu dem ausgeprägten kräftigen Oberkörper, dann haben wir es mit machthungrigen Menschen zu tun, die gerne ihre geistige Überlegenheit zur Schau stellen. Auffällig ist bei diesen Leuten auch die Gefühls- und Phantasiearmut.

Unbewältigte Konfliktsituationen führen auf die Dauer zu einer Gesäßform, die man heute sehr häufig antrifft: Der Po ist flach und wird unbewußt nach vorne gedrückt. Diese Menschen versuchen, ihre persönlichen Schwierigkeiten und Bedürfnisse zu verleugnen, anstatt sie zu verarbeiten.

Ausladende Gesäßbacken lassen auf geballte Energien schließen, die allerdings nicht ausgelebt werden. Diese Leute können mit ihren eigenen Gefühlen nichts anfangen und versuchen, sie ängstlich zu verschleiern.

Eine gutproportionierte runde Gesäßmuskulatur signalisiert gesundes Selbstbewußtsein. Männer und Frauen mit dieser Poform sind meistens selbstbewußt und verfügen über eine gute Portion Angriffsbereitschaft, die es ihnen ermöglicht, die Schwierigkeiten des Alltags zu meistern.

Oval geformte Hinterteile – sogenannte Birnenpos – lassen den Rückschluß zu, daß es sich hier um das Gesäß eines selbstbewußten Menschen handelt, der sich mit Vorliebe von seiner Umgebung isoliert und ein reiches Innenleben hat. Bei wichtigen Entscheidungen gehorchen diese Leute mehr ihrem Herzen als dem Verstand.

Unsere tausend Gesichter

Am Eingang zu einem großen Festsaal, in dem an diesem Abend ein großer Ball stattfinden sollte, konnte ich beobachten, wie sich die Gesichter der Männer fast schlagartig veränderten, sobald sie den hell erleuchteten Raum betreten hatten. Eben noch wirkten sie müde und griesgrämig, plötzlich aber lächelten sie siegesbewußt, sahen regelrecht strahlend aus – so als würden sie gleich laut ausrufen: „Hoppla, jetzt komm ich."

Später gestanden mir einige dieser Herren an der Sektbar: „Eigentlich bin ich nur meiner Frau zuliebe zu diesem Ball gegangen. Ich hasse nämlich diese Veranstaltungen." Dennoch hatten sie genau im richtigen Moment ihr Festtagsgesicht aufgesetzt.

Meistens völlig unbewußt passen wir unser Gesicht der jeweiligen Situation an. Bei der Beerdigung auf dem Friedhof spiegelt sich Betroffenheit wider, auch wenn man dem Verstorbenen nicht besonders nahegestanden hat. Bei feierlichen Anlässen drückt das Gesicht Rührung und Ergriffenheit aus, obwohl uns Jubelreden ziemlich kalt lassen.

Ein Gefängnispfarrer erzählte mir, er habe beim Hofrundgang beobachtet, daß die Gesichter neu verurteilter Häftlinge schon nach wenigen Tagen den für Gefangene typischen niedergeschlagenen, müden Ausdruck angenommen hätten. Sobald die Männer aber in ihre Zellen zurückgeschickt wurden, veränderte sich der Gesichtsausdruck wieder und wirkte normal und entspannt. Es scheint so, als sage uns eine innere Stimme, welcher Gesichtsausdruck der jeweiligen Situation angepaßt ist.

Auch dieses Mienenspiel ist so etwas wie eine Art Maske, hinter der wir uns verschanzen, ohne dieses Täuschungsmanöver zu durchschauen. Wer also etwas über seine Mitmenschen wissen möchte, muß schon ganz genau hinblicken.

Nehmen wir an, wir beobachten durch eine dicke Glasscheibe zwei Männer bei einem Gespräch. Der eine kehrt uns den Rücken zu, aber den zweiten können wir genau sehen. Kein Wort, das die beiden wechseln, dringt durch die dicke gläserne Trennwand. Aber an bestimmten Gesichtsveränderungen läßt sich genau ablesen, was der gut sichtbare Gesprächsteilnehmer in diesem Augenblick empfindet.

Er hebt die Augenbrauen an; auf der Stirn bildet sich gleichzeitig eine waagerechte Falte. Übersetzt heißt das: Ich bin völlig überrascht, ich kann diese Nachricht nicht begreifen.

Würde die beobachtete Person in diesem Augenblick sagen: „Ich verstehe, es leuchtet mir ein“, dann sind die Falten auf der Stirn ein Zeichen dafür, daß er nicht die Wahrheit sagt.

Werden die Augenbrauen für längere Zeit leicht angehoben, dann signalisieren sie Hochmut oder Imponiergehabe, mit dem man den Gesprächspartner beeindrucken oder sogar einschüchtern will.

Schlagartig auftretende senkrechte Stirnfalten bedeuten: „Ich bin jetzt innerlich sehr angespannt." Seelische Konflikte bahnen sich an.

Vor allem ein wirres Netz aus senkrecht und waagerecht verlaufenden Stirnfalten ist ein Alarmzeichen. Ein Mensch fühlt sich bedrängt – durch Not, Angst, aber auch durch Überforderung.

Die Nasenflügel blähen sich auf, so als ob jemand tief die Luft einsaugt – in diesem Fall kann man davon ausgehen, daß ein Mensch sehr erregt ist und mit seinem angestauten Zorn nicht fertig wird. Vor allem temperamentvolle, leidenschaftliche Menschen reagieren häufig so.

Das Rümpfen der Nase verrät innere Abscheu und Ablehnung.

Fletscht jemand die Zähne, beißt er also die Zähne zusammen und zieht dabei seine Oberlippe nach oben, dann will er damit sagen: „Achtung, ich wehre mich. Ich sammle bereits neue Kräfte."

Die Lippen sind zusammengedrückt, aber der Mensch versucht krampfhaft zu lächeln. Das ist die Reaktion naiver, eitler Gemüter auf Worte und Gesten, die ihnen guttun.

Wie zu einem Kuß geschürzte Lippen wollen sagen: „Noch hast du mich nicht überzeugt, aber ich werde deinen Vorschlag sorgfältig überprüfen. Laß mir Zeit."

Der Schmollmund signalisiert Trotz und Protest. Personen, die sich mit ihrer Umwelt nicht im Einklang befinden und sich zu wenig beachtet fühlen, verziehen ihre Lippen häufig zu einem schmollenden Mund.

Wer sich in der Öffentlichkeit immer wieder auf die

Unterlippe oder auf die Zunge beißt, gibt dadurch zu verstehen, daß ihm seine Situation peinlich ist. Er fühlt sich ertappt und versucht, sich zusammenzureißen.

Steht der Mund weit offen, wobei der Unterkiefer einen besonders schlaffen Eindruck macht, so ist das ein Zeichen absoluter Passivität. Hier hat jemand abgeschaltet und nimmt seine Umgebung nicht mehr bewußt wahr.

Ein über längere Zeit geschlossener Mund, der nicht verkrampft wirkt, bedeutet: Genug geredet! Jetzt will ich Taten sehen.

Das Aufeinanderbeißen der Zähne, Zähneknirschen, das Mahlen der Kiefer sind deutliche Hinweise auf unterdrückte Gefühle. Hier fühlt sich jemand eingeengt und daher sehr unbehaglich.

Das private Revier

Als die Sekretärin in das Büro des Personalchefs gerufen wurde, war sie fest dazu entschlossen, nicht den Namen der Kollegin preiszugeben, die aus Versehen ein wichtiges geheimes Schriftstück in den Papierkorb geworfen und damit in der Firma einen großen Wirbel ausgelöst hatte.

„Ich petze doch nicht“, sagte die junge Dame selbstbewußt. „Soll der Chef doch die Sünderin allein ermitteln. Er kann sich auf den Kopf stellen, ich werde schweigen wie ein Grab.“ Eine halbe Stunde später stürzte sie tränenüberströmt aus dem Arbeitszimmer ihres Vorgesetzten, und den übrigen Mitarbeitern wurde es schlagartig klar, daß sie trotz aller guten Vorsätze schwach geworden war und den Namen der Kollegin genannt hatte.

„Ich weiß auch nicht, warum ich es getan habe“, sagte die Sekretärin später. „Der Chef war zwar freundlich und nett zu mir; dennoch fühlte ich mich von ihm unter Druck gesetzt.“

Was hatte der gut geschulte Personalchef getan? Von Anfang an hatte er es so eingerichtet, daß es zwischen ihm und der Sekretärin keine Barrieren gab, also keinen Schreibtisch und keinen Beistelltisch. Im Verlauf der Unterredung, bei der er sich äußerst verständnisvoll gab, war er immer mehr an die junge Frau herangerückt, bis sich ihre Knie berührten. Besitzergreifend legte er seine Hand auf ihren Arm und sagte: „Mit mir können Sie doch ganz offen reden."

Dieser Situation fühlte sich die Sekretärin nicht gewachsen. Sie erzählte, was der Personalchef wissen wollte, weil sie sein Eindringen in ihr ganz privates Revier nicht länger ertrug.

Und die meisten von uns hätten ganz genauso reagiert.

Warum sind uns manche Leute schon bei der ersten Begegnung von Herzen unsympathisch, obwohl sie sich freundlich geben und ein angenehmes Äußeres haben? Die Antwort lautet meistens: Diese Menschen haben sich nicht an ein ungeschriebenes Gesetz gehalten und sind unaufgefordert in unsere ganz private Intimzone eingedrungen.

Die Raumordnung, die jeder von uns völlig unbewußt um sich herum errichtet, ist vor einigen Jahren zum ersten Mal von dem amerikanischen Wissenschaftler Edward T. Hall exakt vermessen worden. Er unterscheidet drei Distanzzonen.

Die intime Distanz reicht von null bis vierzig Zentimeter und steht nur Mitmenschen offen, zu denen wir eine ganz enge Beziehung unterhalten – zum Beispiel dem Ehepartner oder der Freundin. Dringt ein Fremder in diesen Bereich ein, dann wird das als Aggression aufgefaßt und löst sofort ein starkes Unbehagen aus.

In der persönlichen Zone, die zwischen 40 Zentimeter und 1,5 Meter liegt, sind nur Leute willkommen, zu denen wir bereits ein gewisses Vertrauen haben – also Kollegen, nette Nachbarn oder Bekannte.

Die öffentliche Distanz ist die unpersönliche Zonengrenze, die wir im Alltag um uns errichten. Mehr als vier Meter darf uns kein Unbekannter auf die Pelle rücken. Wer das trotzdem unaufgefordert und vor allem ohne jede Voranmeldung tut, will uns unter Druck setzen und uns unsicher machen.

In teuren Managerschulen lernen leitende Angestellte, wie sie vorgehen müssen, wenn sie ungestraft die persönliche Distanz ihrer Mitarbeiter durchbrechen wollen. Der Weg dorthin lautet: gegenseitiges Vertrauen.

Fehlt das Vertrauen, dann empfinden vor allem Frauen die Annäherung als aggressiv, sexuell gefärbt und fühlen sich in ihrer weiblichen Würde verletzt.

Die drangvolle Enge, die bei manchen Massenveranstaltungen, aber auch in Warenhäusern und in Aufzügen herrscht, können wir nur ertragen, indem wir den Nebenmann, zu dem wir plötzlich Hautkontakt haben, als „Nichtperson" einstufen. Für eine kurze Zeit tun wir so, als sei er ein neutrales Wesen, das kaum wahrgenommen wird. Dieser Schutzmechanismus läßt uns vergessen, daß wir neben Menschen aus Fleisch und Blut stehen, die mit Wünschen, Begierden und Bedürfnissen ausgestattet sind.

Die Aufteilung des Raums und die Konstellation, in der Menschen zueinander stehen, spielt im Alltag – im Berufs- und Privatleben – eine wichtige Rolle. Sage mir, wie du ein Zimmer betrittst, und ich sage dir, wer du bist.

Stellen wir uns vier Personen vor, die zu einer großen Party eingeladen sind. Alle vier kennen nur den Gastgeber, der im Augenblick des Eintreffens sehr beschäftigt ist. Die übrigen Anwesenden sind ihnen fremd.

Person Nummer eins bleibt in der geöffneten Tür stehen, schaut sich suchend um, versucht, den Gastgeber über die Köpfe der anderen Partygäste hinweg zu entdecken. Er tritt erst näher, wenn er dazu aufgefordert wird.

So reagieren Menschen, die über ein gesundes Selbstvertrauen und über Lebenserfahrung verfügen. Das Verweilen in der geöffneten Tür ist ein Zeichen für ein starkes Selbstwertgefühl. Gleichzeitig wird aber die Möglichkeit des Rückzugs offengehalten. Aus Erfahrung weiß der Gast, daß es leichter ist, mit Fremden in Kontakt zu kommen, wenn man von dem Gastgeber vorgestellt und eingeführt wird.

Partygast Nummer zwei huscht sozusagen durch die Tür, stellt sich sofort etwas abseits von den übrigen Gästen mit dem Rücken zur Wand und beobachtet aus dieser Position heraus das Geschehen um sich herum. Erst nach einer Stunde wird der Gastgeber erstaunt feststellen: „Ich wußte gar nicht, daß Sie schon eingetroffen sind." Während des gesamten Festes verläßt dieser Mensch nicht den einmal gewählten Platz und wartet darauf, von anderen angesprochen zu werden.

Hier handelt es sich um eine Person, die ängstlich und gehemmt ist – vor allem im Umgang mit Fremden. Meistens werden die Mitmenschen für die eigene Kontaktarmut verantwortlich gemacht, denn auch diese Leute sehnen sich nach Zuwendung. Aber eine innere Sperre macht es ihnen schwer, auf Unbekannte einfach zuzugehen, obwohl das gerade bei Partys gang und gäbe sein sollte.

Die dritte Person, die zu der Party eingeladen ist, stürmt mit lautem Hallo in den Raum, steuert sofort auf die Mitte des Zimmers zu, wobei sie sich ein bißchen rücksichtslos den Weg durch die Menschenmenge bahnt. Sie wendet sich dem Gastgeber zu und erwartet, daß der sofort seine Gespräche unterbricht und sich nur noch ihr widmet.

Mit diesem Auftritt entlarvt sich der Gast als ein Mensch ohne ausgeprägte geistige Fähigkeiten. Er ist egoistisch, eitel und neigt dazu, sich selbst völlig zu überschätzen. Wenn ihm die Führungsrolle, die er beansprucht, streitig gemacht wird, reagiert er aggressiv.

Der vierte, der zum Fest erscheint, betritt den Raum, bleibt etwa ein bis zwei Meter hinter dem Eingang stehen und hält nach dem Gastgeber Ausschau. Hat er ihn entdeckt, dann geht er auf ihn zu, ohne dabei die übrigen Gäste zu stören, die in kleinen Gruppen zusammenstehen. Dafür nimmt er auch kleine Umwege in Kauf. In einiger Entfernung wartet er darauf, daß der Veranstalter der Party Zeit für ihn hat. Dann bittet er darum, den übrigen Gästen vorgestellt zu werden, mit denen er sich von nun an angeregt unterhält.

Das ist der Auftritt eines Menschen, den man gerne zum Freund hat. Er ist weder aufdringlich, noch verklemmt oder ängstlich. Er kennt seinen Wert, respektiert aber auch Mitmenschen, die ganz anders sind als er. Seine geistige Regsamkeit verleiht ihm Flexibilität, so daß er sich rasch auf neue Situationen einstellen kann.

Die Position, die Menschen zueinander einnehmen, die Art und Weise, wie sie sich bei der Revieraufteilung verhalten, verrät viel über ihren Charakter.

Bei Veranstaltungen kann man sehr gut beobachten, wie es Männer und Frauen, die sich gut kennen, anderen

Mitmenschen schwermachen, in ihre Gruppe einzudringen. Sie bilden einen Kreis und drehen den übrigen Anwesenden ihre Rücken zu. Mitglieder der Gruppe, die für schwach und schutzbedürftig gehalten werden – in den meisten Fällen sind das die Frauen – werden in die Mitte genommen. Diese auf die Außenwelt feindlich wirkende, abweisende Haltung heißt im Klartext: „Wir sind an neuen Kontakten nicht interessiert. Komm uns nicht zu nahe."

Sitzen die Gruppenmitglieder nebeneinander auf Stühlen oder auf einer Bank, dann findet man die Wortführer des Kreises, also die Führernaturen, immer auf den beiden äußeren Plätzen. Sie sind so etwas wie die Wachposten. Schlagen sie dabei noch die Beine übereinander, dann bilden sie damit eine zusätzliche Barriere, die Außenstehende nicht überwinden dürfen.

Nehmen daraufhin die übrigen Gruppenmitglieder die gleiche Beinhaltung ein, dann herrscht in dieser Gemeinschaft großes stillschweigendes Einverständnis. Die Rollen sind verteilt und alle Beteiligten sind mit dieser Aufteilung einverstanden.

Gibt es aber in der Clique einen, der fast demonstrativ eine andere Sitzhaltung einnimmt als die Gruppenmitglieder zu seiner Rechten oder zu seiner Linken, dann beansprucht er damit eine besondere Führungsrolle. In der Gemeinschaft zeichnen sich umwälzende Veränderungen ab.

In diesem Zusammenhang noch ein wertvoller Tip: Wenn bei einer Veranstaltung ein Fremder in lockerer Körperhaltung so vor Sie hintritt, daß Sie ihm von Angesicht zu Angesicht gegenüberstehen – wobei die ausreichende Distanz gewahrt wird – heißt das: „Ich bin an dir interessiert und möchte mit dir Informationen austauschen."

Stellt sich der Unbekannte neben Sie – also sozusagen Schulter an Schulter –, dann ist er seiner Sache noch nicht sicher und nimmt erst einmal eine lauernde, abwägende Position ein. Erst wenn Sie es fertiggebracht haben, sein Vertrauen zu gewinnen, wird er seine Position verändern.

Auch in Familien kann man allein aus der Revierverteilung ablesen, wie es mit der Harmonie der Gemeinschaft bestellt ist.

Überläßt die Ehefrau beim gemeinsamen Essen ihrem Mann den Platz an der Stirnseite des Tisches und setzt sich über Eck neben ihn, dann handelt es sich um ein Paar, das zwar noch das überlieferte alte Rollenverständnis pflegt, aber in Harmonie zusammenlebt. Sie macht ihm die Vorherrschaft nicht streitig, sucht aber seine Nähe.

Ein Hinweis auf ausgewogene, harmonische Familienverhältnisse ist es auch, wenn sich kleine Kinder ganz selbstverständlich neben die Mutter setzen. Die heranwachsende Tochter wird dagegen den Stuhl neben dem Vater beanspruchen, während ihr etwa gleichaltriger Bruder – ähnlich wie die kleinen Geschwister – die Nähe der Mutter sucht.

Vor allem im Berufsleben wird – wie wir bereits gesehen haben – die persönliche Distanz häufig willkürlich durchbrochen, aber auch künstlich aufrechterhalten. Das alles hat etwas mit dem Wechselspiel zwischen Macht und Abhängigkeit zu tun.

Der Chef, der ohne Anzuklopfen das Büro seines Mitarbeiters betritt und sich dann noch weit über dessen Schreibtisch beugt, will mit diesem Auftritt zeigen: Ich habe Macht über dich und darf mich dir ungestraft nähern.

Derselbe Vorgesetzte richtet in einer anderen Situation bewußt Barrieren zwischen sich und den Mitarbeitern auf, um sie sich vom Hals zu halten. Sein breiter Schreibtisch, hinter dem er sich verschanzt, steht nicht etwa zufällig in dem Chefzimmer. Vielmehr soll er für Distanz sorgen und die Untergebenen daran hindern, etwa bei der Bitte um Gehaltserhöhung von ganz persönlichen Sorgen zu reden.

Eine andere Methode zur Einschüchterung ist die Wahl unterschiedlich hoher Sitzpositionen. Dem Mitarbeiter wird ein niedriger Sessel angeboten, während der Vorgesetzte auf einem hohen Stuhl Platz nimmt und damit seinen Gesprächspartner zwingt, zu ihm aufzublikken. Diese sehr überlegte Zuweisung der Plätze bedeutet im Klartext: Mit dir stehe ich nicht auf einer Ebene. Ich bin etwas Besseres und darf auf dich herabblicken.

Die Sprache des Körpers

Stellen wir uns folgende Alltagsszene vor: In der Brieftasche ihres Mannes hat eine Frau das Foto eines bildhübschen jungen Mädchens gefunden, das verliebt in die Kamera blickt. Schlagartig kommt ihr der Verdacht: Er betrügt dich. Seit einiger Zeit muß er angeblich ständig Überstunden machen und kommt erst im Morgengrauen nach Hause.

Die Frau beschließt, ihren Mann zur Rede zu stellen. Am Abend zieht sie das belastende Foto aus der Schublade und schreit ihm ihren Verdacht ins Gesicht: „Das ist deine Geliebte, mit der du mich betrügst. Gib es zu!"

Der ertappte Ehemann aber tut erstaunt und beteuert: „Du irrst dich. Das Mädchen auf dem Foto ist die Tochter eines Kollegen, die mich völlig kalt läßt. Er hat mich nur gebeten, für das Bild einen passenden Rahmen zu besorgen. Und außerdem weißt du doch, daß ich nur dich liebe."

Wenn die Ehefrau die Körpersprache richtig versteht, wird ihr in diesem Augenblick ganz klar, daß er sie schamlos belogen hat. Dafür gibt es zwei sichere Anzeichen: Beim Blick auf das Foto haben sich seine Pupillen für ein paar Sekunden auffällig geweitet – ein Beweis dafür, daß ihm dieser optische Reiz sehr gefällt. Diese Reaktion steht in krassem Widerspruch zu der Behauptung: „Das Mädchen läßt mich kalt.“ Und während er seiner Frau eine Liebeserklärung machte, hat er völlig unbewußt den Kopf geschüttelt und damit seine Äußerung widerrufen. Diese Geste heißt übersetzt: Ich ziehe das eben Gesagte zurück.

Der Körper lügt nicht. Gesten und Bewegungen enthüllen das Unbewußte und die mühsam verschleierten Gefühle. Das ist die faszinierende Erkenntnis einer verhältnismäßig jungen Wissenschaft, die sich Kinesik (von griechisch kinesis = Bewegung) nennt – zu deutsch: die Lehre von den Körperbewegungen.

Die Ergebnisse dieser neuen Wissenschaft sind eine weitere Bestätigung für die Richtigkeit der These: Leib und Seele bilden eine unzertrennliche Einheit – eine Sicht des Menschen, die sich in letzter Zeit auch in der Medizin mehr und mehr durchsetzt.

Jede seelische Bewegung löst auch automatisch eine Körperbewegung aus – und sei es nur ein kurzes Muskelzucken im Gesicht oder – wie im eingangs geschilderten Fall – eine blitzschnelle Erweiterung der Pupille. Dieses Zusammenspiel läßt sich nicht lange unterdrücken, und wer es trotzdem versucht, wirkt auf den Betrachter auffallend verkrampft, so daß der andere sofort merkt: „Bei dem stimmt etwas nicht.“

Nun ist es allerdings kaum möglich, auf Anhieb alle Botschaften des Körpers richtig zu verstehen. Dazu muß man die Vokabeln und die Grammatik der Körpersprache beherrschen. Und zu der Grammatik gehört die Erkenntnis, daß die Körpersprache auch von ganz persönlichen Leitbildern mitbestimmt wird. Das macht die Entzifferung der Botschaften nicht gerade leichter.

Was mit dem Begriff „Leitbild“ gemeint ist, soll an einem Beispiel erläutert werden: Zwei gleichaltrige Freundinnen besuchen gemeinsam ein Schulfest. Während die eine, die sehr attraktiv ist, überhaupt nicht aufgefordert wird, kann sich die andere, die längst nicht so hübsch ist wie ihre Schulfreundin, vor Tanzpartnern nicht retten.

Haben die jungen Männer etwa Angst vor der strahlenden Schönheit und wagen es darum nicht, die attraktive Mitschülerin auf die Tanzfläche zu holen? Nein! Etwas anderes hält sie davon ab, sich der Mitschülerin zu nähern.

Da sich die junge Dame unsicher fühlt, hat sie unbewußt eine Pose eingenommen, die Überlegenheit und Abweisung signalisiert. Es handelt sich um eine Körperhaltung, die die Schülerin von einer vielbewunderten schönen Schauspielerin abgesehen und übernommen hat. Die Künstlerin, die in vielen Filmen die Rolle der Unnahbaren, der Kühlen, gespielt hat, ist zum persönlichen Leitbild des Mädchens geworden.

Man muß also schon längere Zeit genau hinsehen, bis man die wahren, echten Gefühlsregungen anhand der Körpersignale ablesen kann. Im Fall der schönen, aber als Tanzpartnerin wenig begehrten Schülerin verrät die Verspannung des Körpers den Konflikt zwischen Unsicherheit einerseits und dem Wunsch andererseits, beachtet und aufgefordert zu werden.

Manchmal ist die Körperhaltung eines Menschen so etwas wie ein stummes, aber deutliches Notsignal. Ein befreundetes Ehepaar, das seine 21jährige Tochter durch Selbstmord verloren hatte, zeigte mir ein paar

Monate nach der Beerdigung mehrere Schmalfilme, auf denen das einzige Kind zu sehen war. Der eine Streifen war zwei Jahre vor der Verzweiflungstat während eines Familienurlaubs in Italien gedreht worden. Ich sah eine schöne, selbstbewußte junge Frau im Bikini, die vor der Kamera eine aufrechte Haltung einnahm, so daß ihre Brüste gut zur Geltung kamen.

In dem letzten Film, der wenige Wochen vor dem Freitod aufgenommen worden war, huschte die Tochter meiner Bekannten mit gekrümmtem Rücken und zusammengesunkenen Schultern durchs Bild. Ihre Bewegungen wirkten merkwürdig abgehackt und verkrampft. Sie sah so aus, als schäme sie sich ihrer Weiblichkeit.

Im nachhinein verstanden wir, daß die auffällige Veränderung der Körperhaltung und der Bewegung Ausdruck einer schweren Krise gewesen waren. Das Mädchen war an einer unglücklichen Liebe zu einem wesentlich älteren Mann zerbrochen, der das Selbstbewußtsein systematisch zerstört hatte.

„Ach hätten wir doch die Signale ihres Körpers besser verstanden“, meinte die leidgeprüfte Mutter. „Bestimmt hätten wir ihr mit Rat und Tat zur Seite stehen können. Aber wir haben die Körpersprache überhaupt nicht wahrgenommen.“

Und damit sind wir schon bei der zweiten Lektion der Körpersprachen-Grammatik angelangt: Für die genaue Beurteilung ist vor allem der Ablauf der Körperbewegungen wichtig. Wirken sie entspannt, fließend, harmonisch oder gar fast tänzerisch, dann können Sie davon ausgehen, daß Sie es mit einer Persönlichkeit zu tun haben, die mit sich selbst und ihrer Umwelt zufrieden ist und sich wohlfühlt.

Eckige, abgehackt aussehende Bewegungen weisen dagegen auf unverarbeitete Konflikte und starke innere Spannungen hin.

Und selbst, wenn sich ein Mensch überhaupt nicht bewegt und nur regungslos dasteht, läßt sich anhand der von seinem Körper ausgesandten Botschaften ablesen, wie es in seinem Herzen aussieht.

Eine Haltung, die man normalerweise als standhaft und aufrecht bezeichnen würde, verrät: Ich bin ein Mensch mit gesundem Selbstvertrauen, der allen Neuerungen aufgeschlossen gegenüber steht und bereit ist, sich damit auseinanderzusetzen.

Wirkt die Haltung steif und sehr korrekt, dann handelt es sich wahrscheinlich um eine unsichere, ängstliche Person, die eine Hab-acht-Stellung eingenommen hat, weil sie ständig mit irgendwelchen unerwarteten Bedrohungen rechnet.

Die gekrümmte Haltung, bei der man dem Betreffenden am liebsten zurufen möchte: „Mensch, halt dich doch gerade“, verrät innere Teilnahmslosigkeit.

Hängen die Arme nicht leicht und locker nach unten, sondern werden sie auf dem Rücken verschränkt oder vor der Brust gekreuzt, dann kann der Beobachter davon ausgehen, daß sich dieser Mensch nicht wohl fühlt. Auf keinen Fall möchte er auffallen, sondern taucht am liebsten in der Masse unter.

Bei stehenden Personen sind vor allem die Bewegungen der Füße und Beine verräterisch. Wer sozusagen fest mit beiden Beinen auf dem Boden steht, wobei der

Abstand zwischen beiden Füßen nur ein paar Zentimeter beträgt, verrät mit dieser Haltung: Ich bin ausgeglichen, verfüge über ein gesundes Selbstvertrauen und bin bereit, meine Ansichten öffentlich zu vertreten. Gleichzeitig lasse ich aber auch andere Argumente gelten.

Männer und Frauen, die von einem Bein aufs andere treten, also ihr Gewicht ständig von einem Fuß auf den anderen verlagern, gelten als wankelmütig. Sie suchen den Weg des geringsten Widerstandes und haben wenig Durchsetzungsvermögen.

Das Wippen, also das kurzfristige Aufrichten auf die Zehenspitzen verrät Aggressionen und eine anmaßende Einstellung zu den Mitmenschen – etwa im Sinne von: Mit dir werde ich schon fertig, denn ich bin stärker.

Baut sich jemand vor anderen breitbeinig auf, dann will er damit seine Macht demonstrieren. So stehen Offiziere vor ihren Untergebenen.

Nehmen wir an, die von uns zu beurteilende Person nimmt auf einem Stuhl Platz. Auch aus dieser Position lassen sich viele aufschlußreiche Rückschlüsse ziehen.

Der Mensch, der die gesamte Sitzfläche einnimmt, sich lässig zurücklehnt und eine bequeme Beinhaltung wählt, fühlt sich in seiner Haut wohl, vertraut seinen Mitmenschen, von denen er allerdings kaum Notiz nimmt. Denn diese Position verrät auch eine gewisse Selbstherrlichkeit.

Sitzt ein Mensch aufrecht auf dem Stuhl, lehnt sich aber nicht bequem zurück, so ist das ein Zeichen für starke Energien und für viel Tatkraft. Diese Eigenschaften können sich auf Mitmenschen allerdings auch negativ auswirken. Wer andere vernichten will, nimmt gerne diese Sitzposition ein.

Verräterisch ist es auch, wenn ein Mann oder eine Frau längere Zeit mit aufgerichtetem Oberkörper nur auf dem Stuhlrand sitzt. Diese Sitzhaltung ist ein Zeichen für Konzentration, für die Bereitschaft, auf neue Eindrücke sofort zu reagieren. Manchmal wird diese Haltung von einem wenig ausgeprägten Selbstbewußtsein diktiert, die sogar zur Unterwürfigkeit führen kann. Übersetzt heißt diese Position: Ich bin immer auf dem Sprung und habe Angst, etwas zu verpassen.

Wichtige Informationen lassen sich auch von der Beinhaltung Sitzender ablesen. Leicht zu beeinflussen sind Leute, die mit zusammengepreßten Beinen dasitzen, wobei die Füße dicht nebeneinander stehen. Das gilt als Zeichen für Unselbständigkeit und für die Bereitschaft, sich unterzuordnen. „Bloß nicht auffallen", lautet das Motto dieser ängstlichen Zeitgenossen.

Das Übereinanderschlagen der Beine kann sehr unterschiedlich interpretiert werden. Diese Haltung kann ein Hinweis auf starkes Selbstbewußtsein sein, das unbekümmert zur Schau gestellt wird. Manchmal ist es aber auch ein Zeichen der inneren Nervosität. Das Gespräch wird durch das Übereinanderschlagen der Beine für kurze Zeit unterbrochen und damit eine Entscheidung verzögert. Man muß sich in diesem Fall also noch weitere Anhaltspunkte verschaffen, um zu einem gerechten Urteil zu kommen.

Werden die Füße hinter den Stuhlbeinen verhakt, dann fühlt sich die Person unbehaglich und verunsichert. Sie versucht, ihre Gedanken neu zu ordnen und sich zu sammeln. Oft haben die Leute, die längere Zeit so dasitzen, Angst, die Selbstkontrolle zu verlieren. Indem sie die Füße hinter den Stuhlbeinen verhaken, wollen sie sich sozusagen selber bremsen.

Nun verharrt ja niemand während eines längeren Gesprächs in einer Sitzhaltung, sondern man verändert ständig seine Position – nicht nur wegen der Bequemlichkeit, sondern auch, um mit stummen Körpersignalen auf die Argumente eines Gesprächspartners zu reagieren. Diese Veränderungen erzählen ganze Romane.

Stellen wir uns wieder die beiden Personen hinter der schalldichten gläsernen Trennwand vor, wobei wir unsere Aufmerksamkeit nur auf den Gesprächspartner richten, den wir voll in unserem Blickfeld haben.

Anfangs sitzt er entspannt und zurückgelehnt da und scheint ziemlich unbeteiligt zuzuhören; aber plötzlich schnellt sein Oberkörper nach vorne. Jetzt dreht er sich zur Seite und wendet seinem Gesprächspartner die rechte Schulter zu. Der spricht weiter, bis sich unser Kandidat auf seinem Stuhl nach hinten fallen läßt und seine Hände vorstreckt, wobei die Handflächen nach oben zeigen. Wenige Sekunden später senkt er den Kopf und zieht die Schultern zusammen, so als wolle er sich ganz schmal machen.

Natürlich wissen wir nicht, was da im einzelnen hinter der Glaswand gesprochen wurde. Aber an den Reaktionen der von uns beobachteten Person können wir sehr genau ablesen, was sie in jeder Phase der Unterhaltung empfunden hat.

Anfangs schien sie mit einer unverbindlichen, wenig aufregenden Plauderei zu rechnen. Daher die entspannte

Sitzhaltung. Das Vorschnellen des Oberkörpers signalisierte wachsendes Interesse. In Worte übersetzt, heißt diese Haltung: „Ich bin gespannt, was du zu sagen hast, und leihe dir mein Ohr."

Doch was die Beobachtungsperson dann hörte, gefiel ihr gar nicht. Darum drehte sie sich zur Seite und zeigte dem Gesprächspartner sozusagen die kalte Schulter, ein Hinweis auf Ablehnung.

Das Nach-hinten-Fallenlassen ist ein Zeichen für die Suche nach Distanz. Da rückt jemand ab und nimmt Abstand. Gleichzeitig wollte unser Kandidat mit dem Vorstrecken der Hände sein Gegenüber etwas einschüchtern und sich größer machen. Aber irgendwann mußte er dann einsehen, daß ihm dieses Imponiergehabe nicht weiterhalf. Das Senken des Kopfes, der Versuch, sich kleiner zu machen, bedeutet: Ich bin beschämt und kapituliere.

In einem der vorangegangenen Kapitel haben wir bereits versucht, aus der Form der Hände Rückschlüsse auf den Charakter zu ziehen. Noch viel aufschlußreicher sind die Gesten, die mit den Händen beschrieben werden.

Vorsicht ist immer geboten, wenn jemand wild mit den Händen herumfuchtelt und dann plötzlich mit dem ausgestreckten Zeigefinger auf seinen Mitmenschen deutet. In solchen Augenblicken liegen starke Spannungen und Aggressionen in der Luft. Die Hände und vor allem der ausgestreckte Zeigefinger werden zu Waffen, mit denen man einen Mitmenschen abwehren oder gar durchbohren möchte. Temperamentvolle, aber unsachliche Männer und Frauen neigen zum wilden Herumgestikulieren.

Mit ihren fahrigen Handbewegungen wollen sie die Argumente des anderen vom Tisch fegen, ohne sich überhaupt mit ihnen auseinandergesetzt zu haben.

Liegen die Hände auf dem Rücken, so heißt das soviel wie: Ich versuche, mich zu sammeln und möchte Überlegenheit demonstrieren. Unbewußt verzichtet diese Person auf den Einsatz ihrer Hände als Waffe, weil sie einem anderen Menschen deutlich machen möchte, daß sie sich auch ohne Einsatz der Hände überlegen fühlt.

Werden die Hände demonstrativ in die Hosentaschen gesteckt, dann kann man davon ausgehen, daß es sich um jemand handelt, der unsicher und desinteressiert ist.

Das Händereiben gilt landläufig als ein Zeichen des Wohlbehagens. Da genießt jemand den Augenblick oder kostet die Vorfreude auf ein bevorstehendes Ereignis aus. Das Händereiben wird auch bei Männern und Frauen beobachtet, die sehr materialistisch veranlagt sind. Zufrieden registrieren sie, daß sich wieder einmal für sie ein lohnendes Geschäft abzeichnet. In bestimmten Situationen kann das Händereiben auch als Beweis für Schadenfreude gewertet werden – etwa nach dem Motto: Der hat jetzt sein Fett abbekommen.

Das Kneten der Hände, die Massage der eigenen Finger durch die andere Hand, ist meistens ein Signal für Erschöpfung und Überforderung. So als müsse sie ihren eigenen Blutkreislauf durch Händereiben mobilisieren, versucht die Beobachtungsperson die eigenen Kräfte anzukurbeln.

Der zu beobachtende Mitmensch streicht sich auffällig mit der Hand über die Stirn. Dadurch sollen belastende Gedanken fortgeschoben werden. Auch vorher Gesagtes und Gedachtes werden auf diese Weise zurückgezogen und ausgelöscht. Mit einem ausgesprochen schüchternen Mann oder einer verklemmten Frau haben wir es zu tun, wenn die Hände versteckt werden – beispielsweise, indem sie bei vor der Brust verkreuzten Armen in den Achselhöhlen verschwinden.

Auch das krallenförmige Einziehen der Finger gilt als ein deutliches Zeichen für Unsicherheit und Lebensangst.

Dienen die Hände als Stützen für den Kopf, so haben wir es meistens mit einer egozentrischen Person zu tun. In manchen Fällen ist diese Geste auch ein Beweis für Erschöpfung und für den Versuch, neue Kräfte zu sammeln.

Wir alle kennen Leute, die ihre Hände einfach nicht ruhig halten können. Ständig zerknüllen sie Papier, bilden aus Büroklammern lange Ketten oder trommeln mit den Fingerspitzen auf die Tischplatte. Mit diesen Gesten kündigen sich häufig schwere seelische Krisen an. Diese Menschen stehen unter einer großen Anspannung, die sie durch die nervöse Beschäftigung abbauen möchten. Aber meistens gelingt das nicht, so daß es dann plötzlich zu einem explosionsartigen Ausbruch der angestauten Gefühle kommt.

Bestimmte Erfahrungen, die den Charakter entscheidend prägen, können zu einer deutlich sichtbaren Veränderung des Körpers führen. Die ganze Gestalt ist dann so etwas wie ein stummes Signal, das uns viele Informationen vermittelt.

So können beispielsweise Streß und ständige seelische Überbelastung zu einer totalen Verformung des Körpers und zu einer dauerhaften Beeinträchtigung des Bewegungsapparates führen. Vor allem beim Gehen zeigt sich dann ein ganz typischer Ablauf. Zuerst wird eine Schulter oder die Hüfte vorgeschoben, dann der Rest des Körpers regelrecht nachgezogen. Die Gewichtsverteilung ist dann nicht mehr um die vertikale Körperachse zentriert; der Körperbau befindet sich also nicht mehr in Übereinstimmung mit der Erdanziehung.

Diese Gangart, die wir fast täglich beobachten können, verrät: Hier ist jemand durch Überbelastung im wahrsten Sinne des Wortes aus dem Lot geraten. Dieser Mensch trägt eine Bürde – Lebensangst oder schwere Sorge um den Partner zum Beispiel – mit sich herum, die für ihn immer unerträglicher wird.

Menschen, die dagegen beim Gehen durch fließende, rhythmisch ablaufende Bewegungen auffallen, sind in der Regel fröhlich, unbeschwert und ausgeglichen. Diese Männer und Frauen haben zwar eine aufrechte Haltung, bemühen sich aber nicht angestrengt, den Kopf gerade zu halten.

Kann man zu den Schritten sozusagen den Takt schlagen und ist der Oberkörper leicht nach vorne geneigt, so lautet die Übersetzung dieses Signals: Ich bin eine zielstrebige Persönlichkeit und bin darüber hinaus noch sehr ehrgeizig.

Auch große Schritte gelten als Zeichen für Elan, innere Kraft und Zielstrebigkeit. Doch der Elan kann zu ungezügelten Temperamentsausbrüchen führen.

Schwingt beim Gehen der ganze Oberkörper mit, dann ist Vorsicht geboten; denn wahrscheinlich handelt es sich um jemand, der sehr eingebildet ist und auf uns Eindruck machen möchte.

Wer ganz aufrecht geht, so als habe er einen Stock verschluckt, erweist sich beim näheren Hinsehen als kontaktarm. Das Selbstwertgefühl ist meistens nicht stark ausgeprägt, so daß sich die Person um eine Pose bemüht, mit der die Umwelt ganz bewußt getäuscht werden soll.

Wer das Tempo immer wieder wechselt, wer einmal ganz große Schritte macht, dann winzige Tippelschritte, ist zwar ein phantasievoller Zeitgenosse, gilt aber dennoch als wankelmütig. Er fügt sich nur schwer in Gemeinschaften ein und verweigert mit seinem Verhalten den Gleichschritt – eine Gangart, mit der das Gemeinschaftsgefühl der Soldaten gestärkt werden soll.

Auch aus der stehenden Haltung läßt sich manches schließen. Baut sich ein Mitmensch vor uns auf, so daß sich sein Oberkörper wölbt, dann bringt er damit – oft ganz unbewußt – Abwehr und Mißbilligung zum Ausdruck.

Wenn die Lendenwirbelsäule gestreckt bleibt und nur das Becken nach vorn geschoben wird, so bittet die Person um Schutz. Sie fühlt sich dem Gesprächspartner gegenüber unterlegen, ist aber bereit, sich ihm anzuvertrauen.

Daß schlaff herunterhängende Schultern und eine gekrümmte Haltung auf Überbelastung und Resignation hinweisen, weiß inzwischen aus Erfahrung jeder. Aber daß auch die hochgezogenen Schultern auf negative Lebenserfahrungen zurückzuführen sind, ist längst nicht allen bekannt. Wird dabei noch das Kinn vorgestreckt, dann stehen wir einem Menschen gegenüber, der sich als Versager fühlt und der an seiner Zukunft zweifelt.

Ein leicht gewölbter Rücken, ein angezogener Kopf, angewinkelte Ellenbogen und zurückgebogene Handgelenke gehören zum Gesamtbild eines Menschen, der unter einem schweren Konflikt leidet. Frauen, die sich gezwungen sehen, jahrelang mit einem ungebildeten Mann zusammenzuleben, nehmen im Laufe der Jahre diese für sie ganz typische Haltung ein, die deutlich Abscheu ausdrückt.

Verräterisch ist auch die Kopfhaltung, die ein Mensch zeigt. Wird der Kopf gerade gehalten und das Kinn ein wenig hochgeschoben, so haben wir es mit einer selbstbewußten Persönlichkeit zu tun, die allerdings auch zu Überheblichkeit neigt.

Die Überschätzung des eigenen Ichs führt dazu, daß andere Meinungen überhaupt nicht zur Kenntnis genommen werden.

Wird der Kopf leicht zurückgelegt, dann sollte man als Beobachter auf der Hut sein. Denn unser Gegenüber mit dieser Kopfhaltung ist uns nicht gut gesonnen. Er bereitet einen Angriff vor und stellt Überlegenheit zur Schau.

Das Senken des Kopfes ist meistens ein Hinweis auf erhebliche innere Zweifel.

Wer sich selbst nichts zutraut und sich schwach fühlt, signalisiert diese Schwächen durch das auffällige Senken des Kopfes.

Der Kopf wird schräg zur Seite gelegt – eine Geste, die

skeptisches Abwarten ausdrückt. Oft ist diese Kopfhaltung auch Ausdruck der Koketterie.

Die ständige Veränderung der Kopfhaltung spricht meistens für eine gesunde Neugier und für waches Interesse. Doch diese Unruhe kann schnell Ausmaße annehmen, die als „krankhaft“ bezeichnet werden müssen.

Die Sprache der Liebenden

Ein junges, sehr glücklich wirkendes Ehepaar erzählte mir vom Beginn seiner Liebe: „Wir haben uns bei einer Fortbildungsveranstaltung kennengelernt, an der rund 150 Personen teilnahmen. Mein Mann und ich sahen uns in der Menge, und bei beiden war es Liebe auf den ersten Blick. Alles andere hat sich dann sehr rasch von ganz allein entwickelt. Jedenfalls waren wir drei Wochen nach dem ersten Kennenlernen miteinander verheiratet", berichtet die junge Frau freudestrahlend.

Ganz so einfach wird es wohl doch nicht gewesen sein. Denn von dem ersten Blick bis zur ersten Verabredung, mit der man sich selbst und dem anderen Teil die Chance gibt, die Beziehung zu vertiefen, ist es oft ein langer Weg, auf dem die Weichen durch zahlreiche stumme Körpersignale gestellt werden.

Auf keinem anderen Gebiet ist gute Menschenkenntnis so wertvoll wie auf dem Gebiet der Partnersuche. Hier spielen sich das Aussenden und das Empfangen der wortlosen Botschaften nach ganz eigenen Regeln ab.

Trotz aller Emanzipationsbestrebungen haben es Männer bei der Suche nach der Partnerin immer noch wesentlich leichter als Frauen, die sich nach dem Mann fürs Leben umschauen.

Kleidet er seine Wünsche offen in Worte, dann gilt sein

Verhalten als frisch, unbekümmert und typisch männlich. Die Frau dagegen, die unverblümt ausspricht, wonach sie sich sehnt, wird allzu schnell als aufdringlich und leichtlebig abgestempelt, als eine, die den Männern hinterherrennt. Und prompt sinkt – jedenfalls in den Augen des starken Geschlechts – ihr Wert.

Sie ist also mehr noch als der Mann auf die stummen Botschaften der Körpersprache angewiesen und darauf, daß der Auserwählte diese Sprache auch versteht. Jahrelang hatte sich ein deutscher Wissenschaftler damit beschäftigt, aus ganz bestimmten körperlichen Merkmalen Rückschlüsse auf das sexuelle Temperament der Frauen zu ziehen. Er vermaß mit einem komplizierten Verfahren den Beckenquerschnitt seiner Testpersonen, untersuchte ihre Hände, stellte Berechnungen über den Umfang der Handgelenke auf, in der Hoffnung, aus diesen Meßergebnissen etwas Allgemeingültiges über die Liebesfähigkeit zu erfahren, und kam am Ende zu der Erkenntnis: Das einzige unbestechliche Anzeichen für die Bereitschaft einer Frau, mit einem bestimmten Mann intim zu werden, ist der verräterische Glanz in ihren Augen. Er verrät sozusagen: Ich bin auf Liebe eingestellt, und meine Augen haben einen Mann gesehen, von dem ich mir vorstellen könnte, daß er zu mir paßt.

Glanz in den Augen ist also sozusagen das grüne Licht für die Weiterentwicklung einer Beziehung zwischen einem Mann und einer Frau, die sich zum ersten Mal begegnet sind. Er hat also dieses verräterische Zeichen in ihren Augen entdeckt und will sich nun durch weitere Blicke davon überzeugen, daß er sich nicht getäuscht hat. Doch sie senkt sofort ihren Blick – was soviel bedeutet wie: Du hast mich durchschaut, und ich fühle mich ertappt. Es vergehen noch ein paar Minuten, in denen sie immer wieder „verschämt" wegschaut, bis endlich der Blickkontakt hergestellt ist. Sie erwidert kurz seinen Blick, dann lächeln beide. Im Klartext bedeutet dieses gegenseitige Lächeln: Wir sind uns sympathisch, aber wir beachten die Spielregeln, die ein Aufeinanderzugehen zu diesem Zeitpunkt verbieten. Entfernen sich die beiden Menschen voneinander, werden sie beispielsweise in einer Menschenmenge bei einer Versammlung getrennt, dann werden sie versuchen, die bereits hergestellte Vertraulichkeitsbalance durch neue Blickkontakte über die Köpfe der anderen Leute hinweg zu intensivieren.

Natürlich gibt es viele selbstbewußte Frauen, die nach diesem „Vorspiel der Blicke" überhaupt nichts dabei finden, wenn sie den Mann, der ihnen gefällt, offen ansprechen. Andere greifen unbewußt zur Körpersprache. Streicht sie sich beispielsweise mit den Händen über die Hüften, dann ist das so etwas wie eine verkappte Aufforderung: Komm zu mir, denn ich bin bereit, mit dir enge Kontakte aufzunehmen. Auch das Spreizen der Beine beim Sitzen kann so gedeutet werden.

Schlingt sie das Bein leicht um das andere, dann stellt sie besonders hohe Anforderungen an den künftigen Partner. Sie ist von ihrem eigenen Wert überzeugt und sucht einen Mann, der ihr an Phantasie und Geist ebenbürtig ist.

Streckt sie sitzend die Beine aus und legt die Füße übereinander, dann will sie ihm damit zu verstehen geben: Du hast zwar Chancen bei mir, aber ich nehme unsere Begegnung nicht bierernst.

Preßt sie die Knie zusammen und stehen auch ihre Füße dicht beieinander, dann wird es der Mann mit ihr nicht leicht haben; denn sie ist ängstlich und hat viele Vorbehalte gegen das starke Geschlecht, die der Bewerber um ihre Gunst durch sein ganzes Verhalten erst langsam aus der Welt schaffen muß.

Keinen Korb wird er sich einhandeln, wenn die Frau in der Phase nach dem Blickaustausch ihre Frisur richtet oder betont auffällig ihr Make-up erneuert. Das entspricht dem „Putzen", das in der Tierwelt beobachtet werden kann. Sie macht sich für ihn schön, und häufig erwidert er die Geste, indem er beispielsweise an seiner Krawatte zupft und den Knoten geraderückt.

Das Wackeln mit den Hüften beim Gehen ist zwar eine ganz eindeutige Botschaft, aber meistens handelt es sich dabei um eine bewußt einstudierte Pose.

Dagegen wird das Züngeln, bei dem die Zungenspitze genießerisch über die Oberlippe schnellt, meistens ganz unbewußt vorgenommen und ist dennoch ein deutliches Zeichen für die Bereitschaft, mit einem bestimmten Mann intime Kontakte aufzunehmen. Das gilt auch für das plötzliche Straffen des Oberkörpers, durch das die Brüste besser zur Geltung kommen.

In der nächsten Phase der noch ganz frischen Beziehung werden beide versuchen, sich gegenseitig zu berühren, wobei vor allem die Frau ängstlich darauf bedacht ist, daß die Berührungen wie zufällig und unbeabsichtigt wirken. Denn wenn er auf diese Annäherung nicht eingeht und sich verstört zurückzieht, möchte sie natürlich nicht ihr Gesicht verlieren.

Was die Schlafhaltung verrät

Wenn im Schlaf das Bewußtsein ausgeschaltet ist, offenbart der Mensch manchmal sein Wesen ehrlicher als im Zustand ständiger Selbstkontrolle. Aus der Haltung, die wir im Bett einnehmen, ergeben sich interessante Rückschlüsse auf ganz bestimmte Charaktereigenschaften.

Dabei muß man allerdings bedenken: Die meisten Männer und Frauen wälzen sich im Schlaf hin und her, wechseln ihre Haltungen, und oft wird die besondere Lage durch ein Leiden bestimmt – zum Beispiel durch eine Wirbelsäulenerkrankung. Für die Charakteranalyse ist vor allem die Position interessant und aufschlußreich, die kurz nach dem Einschlafen eingenommen wird.

Die Bauchlage: Wer so über einen längeren Zeitraum hinweg schläft, gilt als eigenwillig, kontaktarm und ichbezogen. Diese Leute haben große Schwierigkeiten, sich in Gemeinschaften einzufügen. Sie fühlen sich schnell unverstanden und falsch behandelt.

Die Rückenlage: Sie wird als Zeichen der Herrschsucht gewertet. Egozentrische Menschen bevorzugen diese Haltung. Der Schläfer neigt zur Rücksichtslosigkeit, ist dynamisch, leidenschaftlich und temperamentvoll. Die Rückenlage ist die Schlafposition der Erfolgsmenschen, die bei ihrem Aufstieg rücksichtslos die Ellenbogen einsetzen.

Die Kuschelposition: Wer zusammengerollt und mit angezogenen Beinen im Bett liegt, wobei oft auch noch ein Stofftier umarmt wird, ist wenig selbstbewußt. Oft leiden diese Menschen unter starken Trennungsängsten oder haben bereits persönliche Verluste hinnehmen müssen. Im Alltag erweisen sie sich als unreif und kaum belastbar. Sie scheuen jede Auseinandersetzung und sind immer auf der Suche nach Wärme und Geborgenheit.

Die Seitenlage: Sie gilt als Indiz für eine nüchterne, sachliche Lebenseinstellung. So schlafen zuverlässige, disziplinierte Menschen, deren Einfühlungsvermögen nur schwach entwickelt ist.

Weit ausgestreckte Arme und Beine signalisieren: „Ich bin sehr selbstbewußt und habe vor nichts Angst. Was sich mir in den Weg stellt, wird rücksichtslos zur Seite geschoben."

Sind die Hände im Schlaf zu Fäusten geballt, dann leidet der Mensch unter inneren Anspannungen und Aggressionen. Die Fäuste sind immer ein Zeichen für eine sich anbahnende seelische Krise. Wer sich überlastet fühlt, neigt dazu, mit fest geballten Fäusten zu schlafen.

Liegt der Kopf auf den flachen Händen, so hat man es mit einem Menschen zu tun, der eitel ist und um jeden Preis anerkannt werden möchte.

Was die Sprache verrät

Jeder von uns hat das schon einmal erlebt: Wir telefonieren zum ersten Mal mit einem Menschen, den wir noch nie gesehen haben und finden ihn allein wegen seiner Sprechweise auf Anhieb sympathisch oder sogar anziehend und erotisch. Und während wir mit dem Unbekannten reden, machen wir uns ein Bild von ihm.

Einer meiner Bekannten verliebte sich in die rauchige Stimme einer Dame, die in der Telefonzentrale eines großen Unternehmens beschäftigt war, mit dem er viel beruflich zu tun hatte. „Sie muß eine richtige Vollblutfrau sein, leidenschaftlich und temperamentvoll", vermutete er. Endlich gelang es ihm, die Telefonistin zu einem Rendezvous zu überreden. Doch das persönliche Kennenlernen endete für den Verliebten mit einer bösen Enttäuschung. Die vermeintliche Vollblutfrau mit der sinnlichen Stimme entpuppte sich als gehemmtes „graues Mäuschen".

Wer von der Sprache Rückschlüsse auf das Wesen eines Menschen ziehen will, begibt sich auf ein schwieriges Gebiet, das mit Fehlspekulationen und Irrtümern gespickt ist. Die Analyse der Sprache kann immer nur eines von vielen Hilfsmitteln sein, um ein gerechtes Urteil über einen anderen abzugeben.

Wenn beispielsweise jemand ständig sehr laut spricht,

kann das ein Zeichen für Vitalität, Kraft und gesundes Selbstbewußtsein sein. Die Stimme kann aber auch einem Angeber oder einem Tyrannen gehören, der gerne seine Mitmenschen laut herumkommandiert.

Spricht ein Mann oder eine Frau bewußt sehr leise, dann handelt es sich vielleicht um eine bescheidene Person, die nicht auffallen möchte, oder das Flüstern soll den Gesprächspartner dazu zwingen, genau hinzuhören – ist also ein ganz gezielt eingesetzter Trick.

Aufschlußreicher ist da schon die Klangfarbe. Eine knappe, metallisch hart klingende Sprache weist auf große Energien, aber auch auf Gefühlskälte und Egoismus hin.

Tritt der Klang der Vokale auffallend hervor, dann hat man es meistens mit Menschen zu tun, die sich von ihren Gefühlen leiten lassen.

Überwiegen die akzentuierten Konsonanten, dann signalisiert diese Eigenart ausgeprägte Willensstärke und einen scharfen Verstand.

Eine monotone Sprache mit gleichbleibender Tonhöhe verrät: Ich bin ein langweiliger Zeitgenosse, der möglichst nicht auffallen möchte und der von seiner Umwelt wenig Notiz nimmt. Selbstsucht ist eine meiner hervorstechenden Wesensmerkmale.

Ganz anders ist der Fall, wenn ein Mensch die Tonhöhe und die Lautstärke immer wieder wechselt. Dann ist die Stimme so etwas wie die Visitenkarte einer vielseitig interessierten, lebensklugen Persönlichkeit, die zwar selbstbewußt ist, aber den eigenen Wert nicht überschätzt.

Wichtiger als das „Wie" ist beim Sprechen das „Was",

also der Inhalt der gesprochenen Mitteilung. Auf dem Gebiet der Psycholinguistik (Psychologie der Sprache) gibt es für die Wissenschaftler noch viel zu erforschen.

Grundsätzlich können wir davon ausgehen, daß Leute, die mit uns reden, eine Resonanz, ein Echo erwarten und sei es nur eine stillschweigende Zustimmung. Bei Psychologen ist das „Hm-hm-Spiel" sehr beliebt. Der ansonsten stumme Zuhörer quittiert dabei ganz bestimmte Ausdrücke des Sprechers mit einem anerkennenden „Hm-hm" und einem freundlichen Kopfnicken. Schon nach kurzer Zeit wird der Redner den Ausdruck, der ihm ein paarmal Beifall eingebracht hat, ganz unbewußt immer wieder verwenden.

Der Verdacht, daß sich manche Leute gerne selber reden hören, mag zwar manchmal begründet sein; aber immer ist das gesprochene Wort auch ein Versuch, eine Brücke zu dem Mitmenschen zu schlagen. Der Sprecher braucht die Resonanz seines Gesprächsteilnehmers. Und der wiederum tut gut daran, genau hinzuhören. „Unsere Sprache kommt aus unserer tiefsten Seele", schrieb der englische Dichter Ben Jonson vor rund 350 Jahren. „Kein Vergrößerungsglas läßt einen Mann so genau erkennen wie seine Sprache."

Den lauten Angeber, der uns mit seinen Ausführungen beeindrucken will, erkennen wir an seiner Sprache auf Anhieb – ebenso den Pessimisten, der alles grau in grau sieht oder den notorischen Witzbold, der einen Scherz nach dem anderen vom Stapel läßt.

Doch längst nicht immer treten die Schwächen und Stärken so offen zutage. Dann muß man schon genau hinhören, bevor man sich ein Urteil bildet.

Psychologen fanden heraus, daß Menschen mit einem beschränkten geistigen Horizont eine Vorliebe für die Worte „ich", „mir" und „mein" haben, die sie im Durchschnitt wesentlich häufiger verwenden als normal begabte Männer und Frauen. Diese Häufung ist also immer so etwas wie ein Signal, das mangelnde Geistesgaben anmeldet.

Verwendet jemand gerne besitzanzeigende Fürwörter wie „mein" oder „unser", dann kann man davon ausgehen, daß man es mit einem großen Egoisten zu tun hat.

Greift ein Sprecher bei seiner Lobrede immer wieder auf Begriffe wie „stark" oder „überwältigend" zurück, dann entpuppt er sich meistens später als Materialist, für den innere Werte keine Bedeutung haben.

Reihen sich Formulierungen wie „ich würde sagen" oder „ich hätte gedacht" aneinander, dann kann das ein deutlicher Hinweis auf einen zaghaften Charakter sein, der sich nur ungern auf einen Standpunkt festlegt. Er wechselt ständig seine Meinung, taktiert sehr diplomatisch und hält sich gerne ein Hintertürchen für den Rückzug offen.

Unanschauliche Redewendungen wie „durchgeführt" oder „zur Durchführung gebracht" gelten als Hinweis auf ein phantasieloses Wesen. So sprechen Menschen, die pflichtbewußt und ordnungsliebend sind, deren Gefühlsleben aber häufig stark verkümmert ist.

Verräterisch ist auch die Vorliebe für Passivformen, die verwendet werden, obwohl die Aktivform viel anschaulicher ist. Es heißt dann beispielsweise „Hilde wurde von Gerd gerettet" – anstatt „Gerd rettete Hilde". Das ist die Sprache der Zeitgenossen, die sich gerne als Opfer widriger Umstände betrachten und die der Auffassung sind, das eigene Leben lasse sich kaum beeinflussen.

Wer dagegen anschauliche Verben, plastische Aktivformen und schmückende Beiworte bevorzugt, erweist sich häufig als phantasievolle Persönlichkeit, die ihr unverkrampftes Verhältnis zur Umwelt demonstrieren will.

Bedächtige Männer und Frauen erkennen wir an der Neigung, jedes Wort genau abzuwägen und zwischendurch mehr oder weniger kurze Gedankenpausen einzulegen.

Personen, die mit Vorliebe über ihre eigenen moralischen Ansprüche reden, die beispielsweise gerne beteuern, „jede Form der Lüge ist mir verhaßt", wollen mit ihren wohlklingenden Worten nur über ihre eigenen Unzulänglichkeiten hinwegtäuschen. Und wenn dann noch die rechte Hand auf das Herz gelegt wird, weiß der erfahrene Menschenkenner: Dieser Zeitgenosse lügt wie gedruckt.

Entlarvend können auch die sogenannten „Freudschen Versprecher" sein. Sigmund Freud, der Erfinder der Psychoanalyse, glaubte an die Kraft des Gedankens, der sich nicht unterdrücken läßt. Versprecher sind danach längst nicht immer ein Zufall, sondern verraten, was der Sprecher in diesem Augenblick gedacht hat.

Da sagt jemand „man muß doch das Schwein wahren" – anstatt „den Schein wahren". Und prompt weiß der Zuhörer, was da vertuscht werden sollte.

Und schließlich gibt uns eine angeregte Unterhaltung auch noch die Möglichkeit, sehr schnell herauszufinden, ob unsere Gesprächsteilnehmer höflich und diszipliniert sind. Denn wer dem anderen ständig rücksichtslos ins Wort fällt und ihn unterbricht, wird sich auch in anderen Bereichen des Alltags als „ungehobelter Egoist“ erweisen.

Was die Schrift verrät

Die Graphologie, also der Versuch, die Stärken und Schwächen eines Menschen aus seiner Handschrift abzulesen, ist keine neue Kunst. Die ersten Ansätze graphologischer Deutungen finden sich in einem kleinen Buch, das bereits 1622 von dem italienischen Arzt Baldo veröffentlicht wurde. Die meisten der von dem Gelehrten aufgestellten Theorien sind inzwischen längst überholt – geblieben ist die Erkenntnis: Die Schrift ermöglicht uns interessante Einblicke in das Seelenleben des Schreibers.

Heute haben Graphologen bei der Berufsberatung, bei der Stellenvergabe oder als Gutachter vor Gericht ein wichtiges Wort mitzusprechen. Ihre inzwischen sehr fundierte Wissenschaft gilt außerdem als bewährtes Hilfsmittel der psychologischen Diagnostik.

Außerdem kann die Beschäftigung mit der Graphologie ein guter Weg zur Selbsterkenntnis sein. Wenn wir mit fachmännischem Blick eigene Schriftproben auf den einzelnen Entwicklungsstufen unseres Lebens begutachten, können wir daran ablesen, wie wir uns verändert haben.

Es würde den Rahmen dieses Buches sprengen, wenn man hier alle Feinheiten der Handschriftendeutung erklären sollte, denn schließlich handelt es sich um eine sehr komplexe Wissenschaft, die man nicht im Eilverfahren erlernen kann. Aber es ist durchaus möglich, auch dem Laien zu erklären, wie er aus ganz bestimmten Schriftmerkmalen Charaktereigenschaften des Schreibers ablesen kann.

Dazu braucht man mindestens einen vollgeschriebenen DIN-A4-Bogen. Die zu beurteilende Person sollte beim Schreiben bequem und entspannt an einem Tisch mit fester Unterlage gesessen haben, damit das Schriftbild nicht durch äußere Umstände verfälscht wird. Für die Deutung eignen sich am besten mit Füllhalter geschriebene Zeilen. Der Schreiber sollte möglichst nicht wissen, daß seine Handschrift analysiert wird. Sonst kann es passieren, daß er seine Schrift bewußt verändert.

Anders als die vielen verräterischen Signale, die wir in den vorangegangenen Kapiteln kennengelernt haben, handelt es sich bei der Schrift nicht um einen flüchtigen Eindruck, den wir sozusagen im Handumdrehen richtig einschätzen und bewerten müssen. Bei der Handschriftendeutung können wir uns viel Zeit lassen, und das ist ein großer Vorteil.

Beim Schreiben folgt der Mensch schulmäßigen Schriftvorlagen, die von Volk zu Volk, von Kulturkreis zu Kulturkreis verschieden sind. Alte Menschen haben oft in der Schule noch die sogenannte Sütterlin-Schrift gelernt. Solche Besonderheiten muß man natürlich bei der Analyse berücksichtigen.

Wir wollen bei den folgenden Erklärungen von der deutschen Normalschrift ausgehen, die heute in den Schulen als Vorlage gilt. Bei Ausländern tauchen ganz zwangsläufig in der Schriftgestaltung besondere Akzente auf, die nicht mit individuellen Eigentümlichkeiten verwechselt werden dürfen, sondern während des Schulunterrichts anerzogen wurden.

Wichtig ist auch zu wissen, ob der Text von einem Rechts- oder Linkshänder geschrieben wurde. Da der Linkshänder gezwungen ist, den Stift oder den Füller von links nach rechts vor sich herzuschieben, entsteht ein ganz eigenes Schriftbild.

Wenn völlig unvorbereitete Laien eine Schrift begutachten sollen, legen sie meistens ihr Hauptaugenmerk auf die einzelnen Buchstaben und tun damit genau das Falsche. Denn bei der Handschriftendeutung muß der Gesamteindruck des geschriebenen Textes begutachtet werden.

Wie kommt es nun, daß die Schrift soviel über das Wesen des Schreibers verrät? Es ist wissenschaftlich erwiesen, daß bestimmte seelische Vorgänge ihren deutlichen Niederschlag in den Bewegungsabläufen der Schrift finden. Diese Bewegungsabläufe geben Auskunft über die Anlagen und die Fähigkeiten eines Menschen.

Schreiben ist auch immer eine Auseinandersetzung mit dem zur Verfügung stehenden Raum, also mit dem Blatt Papier, das beschrieben wird. Das Raumbild verrät: Wie kommt der Mensch mit sich selbst und seiner Umwelt zurecht?

Erste Erkenntnisse über den Schreiber gewinnen wir durch die Beurteilung der Schriftgröße. Überschreiten die Kurzbuchstaben wie zum Beispiel „a, e, u, m, n" regelmäßig drei Millimeter und sind die Langbuchstaben wie „f, g, h, j" länger als fünf Millimeter, dann spricht der Fachmann von einer großen Schrift.

Kurzbuchstaben, die kleiner sind als zwei Millimeter und Langbuchstaben unter sechs Millimeter sind die Kennzeichen der kleinen Schrift. Bei dieser Bewertung muß man allerdings beachten, daß steile Schriften automatisch größer wirken als schräge. Im Zweifelsfall muß man sich eines Zentimetermaßes bedienen.

Die Größe der Schrift gibt Auskunft über die Willenskraft und das Selbstwertgefühl des Schreibers. Eine extrem große Schrift gilt immer als Zeichen für das Bestreben, sich selbst zu entfalten. Der Mensch ist von sich selbst überzeugt, beansprucht in Gemeinschaften eine Führungsrolle, neigt aber auch zu billiger Effekthascherei und zu einem fast krankhaften Geltungsdrang.

Eine kleine Schrift verrät, daß der Schreiber bescheiden und diszipliniert ist, daß er sachlich argumentieren kann und daß seine Fähigkeiten vor allem auf dem praktischen Sektor liegen. Aber auch Duckmäuser und unsichere Menschen haben häufig eine kleine Handschrift.

Fällt bei der Schriftendeutung ein Wechsel zwischen groß- und kleingeschriebenen Worten auf, so hat man es mit einem Menschen zu tun, der sehr leicht zu beeinflussen ist. Seine Willenstärke und seine Stimmungen unterliegen großen Schwankungen. Mal gibt er sich himmelhoch jauchzend, dann wieder zu Tode betrübt.

Werden die Buchstaben am Ende der Zeilen immer kleiner, dann verrät diese Eigentümlichkeit rasch erlahmende Energien. So schreiben Leute, die schon bei dem ersten geringsten Widerstand die Flinte ins Korn werfen.

Ansteigende Zeilen, die am Ende immer größer werden, signalisieren ausgeprägtes Selbstbewußtsein und ein hohes Maß an innerer Sicherheit.

Es wurde bereits darauf hingewiesen, daß auch der Umgang mit dem zur Verfügung stehenden Raum sehr aufschlußreich sein kann. Gute Gesellschafter, die überall im Mittelpunkt stehen, füllen das Blatt mit ihrer Schrift völlig aus. Sind die Zeilen auf geringem Raum zusammengepfercht, so daß viel freier Platz übrig bleibt, dann hat man es meistens mit einer bescheidenen, wenn nicht sogar stark gehemmten Person zu tun.

Ein weiterer Aspekt, den der Graphologe berücksichtigt, ist die sogenannte Schriftweite. Gemeint ist damit der Abstand zwischen den einzelnen Buchstaben. Nimmt dieser Abstand mehr Raum ein als der Einzelbuchstabe selbst, dann spricht man von einer weiten Schrift. Stehen die Buchstaben dicht beieinander, haben wir es mit einer engen Schrift zu tun. Die weite Schrift weist auf eine sehr aufgeschlossene Einstellung zum Mitmenschen hin. Der Schreiber ist neugierig, interessiert. Doch diese Anlagen können auch ins Negative umschlagen: Flatterhafte Männer und Frauen, die vieles beginnen, aber nichts zu Ende führen, haben oft eine auffällig weite Schrift.

Die enge Schrift gehört dem disziplinierten, zurückhaltenden, vorsichtig taktierenden Menschen. Es kann sich aber auch um ängstliche, mißtrauische und kleinliche Leute handeln. Man sieht also, daß noch andere Schriftmerkmale analysiert werden müssen, um zu einem fundierten Urteil zu kommen.

Wenn ABC-Schützen das Schreiben lernen, erfahren sie, daß die Ober- und die Unterlängen der Buchstaben die gleichen Größen haben müssen. Sie sollen den von Linien umrissenen Raum zwar ausfüllen, aber sie dürfen den Platz nicht überschreiten.

Doch wenn die Schrift im Laufe der Zeit flüssiger wird, beachtet niemand mehr diese Regeln. So kommt es oft zu einer Überbetonung der Oberlänge – etwa beim „I“ oder beim „h“ oder zu einer Übertreibung bei der Unterlänge – beispielsweise beim „g“ oder beim „f“.

Die Oberlänge gibt Auskunft über die intellektuellen geistigen Fähigkeiten, während die Unterlängen Symbole des Gefühls und der praktischen Veranlagung sind.

Herrscht zwischen beiden Längen ein ausgeglichenes Verhältnis, so daß die Schrift ausgewogen wirkt, dann ruht der Schreiber in sich selbst. Er ist mit durchschnittlichen Geistesgaben und durchschnittlichen praktischen Talenten gesegnet. Gefühlsausbrüche sind ihm fremd. Aber er ist nicht etwa gefühlsarm oder kaltschnäuzig.

Eine Überbetonung der Oberlänge weist auf die Fähigkeit hin, abstrakte Vorgänge zu erfassen und zu überdenken. Es handelt sich um einen idealistisch veranlagten Menschen, der immer Gefahr läuft, den Sinn für die Realität zu verlieren und sich von seiner Umwelt zu isolieren.

Fällt die Schrift durch betonte Unterlängen auf, dann haben wir es mit einem praktisch veranlagten, aber auch gefühlvollen Menschen zu tun. Seine Denkweise ist oft etwas schwerfällig und schlicht.

Manchmal sehen die Oberlängen so aus, als seien sie noch nachträglich mit einer imposanten Schleife geschmückt worden. Für den Graphologen ist das ein Hinweis auf den Hang zur Selbsttäuschung. Der Schreiber macht sich Illusionen über seine eigenen Fähigkeiten.

Sehen die Oberlängen aufgebläht aus, dann gilt das als

ein Anzeichen für Phantasie. Der Schreiber muß sich vor gefährlichen Illusionen hüten. Abgeflachte Oberschleifen – etwa beim „f“ – sind ein Indiz für schwere Enttäuschungen und für durchgemachte Krisen, die zu einer resignierenden Lebenseinstellung geführt haben. Sieht der Fachmann dreieckige Unterschleifen, so weiß er sofort, daß der Schreiber egoistisch ist und einen großen Geltungsdrang besitzt.

Sind die Unterschleifen zu einfachen Strichen verkümmert, dann handelt es sich um die Schrift eines unsteten, unruhigen Menschen, der zu Übereifer neigt.

Ein weiteres Merkmal, dem die Graphologen große Bedeutung beimessen, ist die Schriftlage, also der Winkel, den die einzelnen Buchstaben beschreiben.

Eine rechtsschräge Schrift verrät: Der Schreiber steht seiner Umgebung aufgeschlossen gegenüber und kann sich sehr schnell für irgend etwas begeistern. Bei diesen Leuten besteht aber die Gefahr, daß sie sich zu unbedachten Handlungen hinreißen lassen.

Die steile Schrift deutet auf ausgeprägte Pflichttreue und Selbstdisziplin hin. Der Schreiber bewahrt auch in Ausnahmesituationen Haltung. Dieses Sich-Zusammenreißen kann so weit gehen, daß andere den Eindruck haben, der Mensch sei gefühlskalt und geistig unbeweglich.

Schräg nach links gerichtete Schrift gilt bei den Graphologen als Indiz für Kontaktarmut, die allerdings längst nicht immer von dem Betreffenden als Nachteil empfunden wird. Häufig sagt man Männern und Frauen mit linksschräger Schrift Selbstgerechtigkeit nach.

Wechselt die Schriftlage ständig von linksschräg nach rechtsschräg, dann haben wir es mit einem Schreiber zu tun, der sehr sprunghaft ist. Er geht rasch neue Freundschaften ein, die er aber ebenso schnell wieder vernachlässigt. Er ist sehr empfänglich für neue Eindrücke, kann sich schnell begeistern. Aber diese Begeisterungsfähigkeit hält nie lange an.

Manches läßt sich auch aus dem Abstand zwischen den einzelnen Wörtern ablesen. Ein großer Wortabstand – wobei das Geschriebene nicht zerrissen wirken sollte – ist ein Beweis für große innere Energien. Der Schreiber der Testzeilen hat einen klugen Kopf, ist ordentlich, gerät aber rasch in die totale Vereinsamung.

Aus dem Verlauf der einzelnen Zeilen kann der Fachmann ablesen, wie es mit dem Selbstwertgefühl des Schreibers bestellt ist. Dieses Merkmal tritt besonders deutlich zutage, wenn auf unliniertem Papier geschrieben wird und es keine Orientierungshilfe auf dem Papier gibt.

Dabei gilt grundsätzlich: Ansteigende Zeilen deuten auf eine optimistische Grundhaltung, auf geistige Beweglichkeit hin. Fallende Zeilen lassen den Rückschluß zu, daß der Text von einer skeptischen, mißtrauischen Person geschrieben wurde.

Gerade Zeilen bedeuten Beständigkeit, aber auch geistige Unbeweglichkeit.

Wirkt das Schriftbild verschachtelt, weil jeweils unter das Ende des ansteigenden Wortes ein neuer Begriff geschrieben wird, dann hat der Schreiber Angst vor seinem eigenen Temperament.

Wölbt sich die Zeile in der Mitte, so stammt die

Schriftprobe von einem lebhaften Menschen, der sehr eifrig ist, der aber auch rasch „abbaut“.

Wichtige neue Erkenntnisse bezieht der Graphologe auch aus der Gestaltung des ersten und letzten Buchstabens des Wortes. Fallen sie als hervorgehoben auf, dann lautet das Urteil: Der Schreiber ist selbstbewußt. Doch er muß sich vor übertriebenem Geltungsbedürfnis und vor Eitelkeit hüten; denn beide Eigenschaften schlummern in ihm.

Völlig unbetonte schlichte Wortanfänge und -endungen verraten: Der Schreiber ist bescheiden bis hin zur Selbstverleugnung, hat wenig Mut und kann sich nur schwer durchsetzen.

Darüber hinaus interessiert sich der Graphologe für den Formenreichtum der Schrift. Es gibt volle Schriften mit vielen runden Schleifen und Bögen und magere Schriften mit engen Bögen und verkümmerten Schleifen.

Volle Schriften weisen auf Phantasiereichtum und auf die Unfähigkeit logisch zu denken hin. Dagegen fallen Menschen mit einer mageren Schrift durch einen scharfen Verstand und wenig ausgeprägtes Einfühlungsvermögen auf.

Der Fachmann interessiert sich bei der Handschriftendeutung auch für die Frage: Sind die einzelnen Buchstaben des Wortes zügig durchgeschrieben oder gibt es mitten im Wort zwischen den einzelnen Buchstaben Lükken? Eine verbundene Handschrift, bei der mindestens fünf Buchstaben eng nebeneinander stehen, spricht für ein gutes Konzentrationsvermögen des Schreibers und für die Fähigkeit, logisch zu denken. Menschen, die so schreiben, fallen allerdings häufig auch durch Phantasiearmut auf.

Die unverbundene Schrift dagegen gilt als Hinweis auf ein gutes Einfühlungsvermögen und auf Gedankenreichtum. Allerdings ist das Durchhaltevermögen häufig nur wenig ausgeprägt.

Weitere Auskünfte über den Charakter des Schreibers bezieht der Graphologe aus der Bindungsform, aus der Art und Weise, wie die Auf- und Abstriche der einzelnen Buchstaben miteinander verbunden sind.

Sehen die Auf- und Abstriche wie langgezogene Fäden aus, dann handelt es sich um die Schriftprobe eines anpassungsfähigen, disziplinierten Menschen, der allerdings nicht sehr belastbar ist und gerne den Weg des geringsten Widerstands geht.

Bilden die Auf- und Abstriche spitze Winkel, so sind Zuverlässigkeit, Treue, Entschlossenheit, die bis zum Starrsinn ausufern kann, die hervorstechenden Eigenschaften des Schreibers.

Erinnern die Striche an Girlanden, dann hat man es mit einem gutwilligen Menschen zu tun, der sich sehr rasch in neuen Situationen zurechtfindet. Er neigt dazu, mit allen Mitteln um die Gunst seiner Mitmenschen zu werben, und fühlt sich dabei oft überfordert.

Haben die Bindungen Ähnlichkeit mit den Arkaden, die man vor manchen Gebäuden findet, dann folgert der Graphologe: Das ist die Schrift eines zurückhaltenden Menschen, der kontaktarm ist und an überlieferten Traditionen festhält. Er legt großen Wert auf Äußerlichkeiten und möchte gerne mit seiner äußeren Erscheinung über eigene Mängel hinwegtäuschen.

Seitdem sich immer mehr Leute beim Schreiben eines Kugelschreibers bedienen, ist es für die Experten schwer geworden, bei der Handschriftendeutung einen wichtigen Anhaltspunkt zu berücksichtigen – gemeint ist der Druck, der auf das Schreibinstrument ausgeübt wurde. Am besten läßt er sich ablesen, wenn das Schriftstück mit einem Füllhalter verfaßt wurde.

Starker Druck, bei dem sich die Feder regelrecht gespreizt hat, verrät Kraft, Entschlossenheit, Durchsetzungsvermögen, aber auch Rücksichtslosigkeit. Wer so schreibt, braust leicht auf und verliert schnell die Selbstkontrolle.

Ein schwacher Schreibdruck wird als Zeichen für ausgeprägte Sensibilität gewertet. Aber auch labile Männer und Frauen schreiben meistens mit nur geringem Druck.

Wer viel schreibt, neigt dazu, seine Schrift zu vereinfachen. Bleibt die Schrift dennoch gut lesbar, dann ist der Hang zur Vereinfachung ein Hinweis auf geistige Beweglichkeit, hohe Intelligenz und gute Urteilsfähigkeit.

Erst wenn er das Gesamtbild des Schriftstückes eingehend betrachtet und begutachtet hat, widmet sich der Graphologe einzelnen Buchstaben und sucht sie nach weiteren Hinweisen auf ganz bestimmte Charaktermerkmale ab. Ist beispielsweise das kleine „a“ eingerollt wie eine Schnecke, dann bedeutet diese Eigenart Mißtrauen und übertriebene Vorsicht.

Vor allem das kleine „g“ gilt als sehr aufschlußreich. Überbetonte Unterschleifen, die geradezu aufgebauscht aussehen, weisen auf eine starke Triebhaftigkeit hin. Ist die Unterschleife nur noch ein einzelner Strich, dann liegt der Verdacht nahe, daß der Schreiber nur über geringes sexuelles Interesse verfügt. Wohlgemerkt: Diese Rückschlüsse sind nur erlaubt, wenn die einzelnen Formen immer wieder auftreten. Aus einem einzigen „g“ läßt sich überhaupt nichts ablesen.

Sogar die Punkte und Striche über einzelnen Buchstaben sind verräterisch. Wird das „u“ mit einem Strich versehen, der wie ein kleiner Deckel aussieht, dann hat der Schreiber etwas zu verheimlichen. Hat der Strich die Form einer Wellenlinie, dann kann man davon ausgehen, daß man es mit einem phantasievollen Schreiber zu tun hat.

Ein hochgezogener Punkt über dem „i“ signalisiert Idealismus und Begeisterungsfähigkeit. Sitzt der Punkt mit nur geringem Abstand direkt über dem „i“, dann wird diese Eigentümlichkeit als Hinweis auf ausgeprägten Ordnungssinn gewertet. Häufig auftretende Durchstreichungen und eingefügte Verbesserungen weisen auf Aggressionen und Nervosität hin.

Oft fällt beim Beurteilen der Schrift auf, daß es zwischen der Unterschrift und dem übrigen handgeschriebenen Text große Unterschiede gibt. Grundsätzlich gilt, daß die Unterschrift immer eine Sonderstellung einnimmt. Denn in ihr finden heimliche Wünsche und Träume ihren Niederschlag. Die Unterschrift verrät, wie wir sein möchten – etwa energisch, kämpferisch oder selbstbewußt.

Fällt die Unterschrift am Ende nach unten ab, so ist die Belastbarkeit des Schreibers nicht sehr groß.

Wird die Unterschrift schwungvoll unterstrichen, so neigt der Schreiber zu egozentrischem Verhalten und zu Eitelkeit.

Signale am Steuer

Ständig sind die Psychologen auf der Suche nach neuen Situationen, in denen sich der Mensch durch sein Verhalten ganz unwillkürlich offenbart und sein wahres Ich zur Schau stellt. So fanden sie heraus, daß sich das Autofahren hervorragend für Persönlichkeitsanalysen eignet.

Das Lenken eines Fahrzeugs erfordert heute Geschicklichkeit, Umsicht, Wachsamkeit, Intelligenz und auch eine gute Portion Höflichkeit und Rücksichtnahme. Wer sich über längere Zeit hinweg ohne jeden Zwischenfall – dazu gehört auch eine Verwarnung durch die Polizei – durch den Straßenverkehr manövriert, beweist damit, daß er die oben genannten Eigenschaften besitzt.

Wer dagegen rücksichtslos die Spur wechselt, auf seinem Vorfahrtsrecht beharrt oder beim Einparken gleich zwei Plätze beansprucht, entlarvt sich meistens auch in anderen Bereichen des Lebens als rücksichtsloser, rechthaberischer Flegel, der voller Aggressionen steckt, die sich dann beim Fahren ein Ventil suchen.

Wer extrem schnell fährt und dabei ständig neue Risiken heraufbeschwört, will über seine Komplexe hinwegtäuschen.

Aber längst nicht immer verraten Menschen am Steuer ihre Schwächen so eindeutig. Da muß man schon genauer hinsehen, um zu erkennen, was mit ihnen los ist. Eine lässige Haltung zum Beispiel, bei der der Fahrer den linken Arm aus dem geöffneten Seitenfenster hängen läßt, während die rechte Hand oben auf dem Steuerrad liegt, verrät den Angeber, der nur auf Effekthascherei aus ist. Mit seiner Haltung will er sagen: Ich beherrsche den Wagen völlig und kann mir daher einen lässigen Fahrstil erlauben.

Sitzt der Fahrer weit zurückgelehnt und liegen die beiden Hände genau parallel links und rechts des Steuerrades, dann signalisiert diese Körperhaltung: Ich bin aggressiv sowie aktiv und lasse mich von meinen Mitmenschen nicht beeinflussen.

Die nach vorne über das Steuer gebeugte Körperhaltung ist ein Zeichen für die Fähigkeit, alles mit viel Herzblut zu vollenden. Diese Haltung gilt als Symbol der völligen Hingabe.

Eine zuverlässige, gestandene Persönlichkeit erkennt man an ihrer entspannten Haltung am Steuer. Die Hände umspannen links und rechts das Steuerrad und werden während der Fahrt selten zurückgezogen oder verschoben.

Amerikanische Psychologen glauben zu wissen, daß sich Frauen spätestens beim Verlassen des Wagens entlarven. Während das eine Bein noch leicht angewinkelt ist, berührt das zweite bereits den Erdboden, so daß sich der Rock automatisch nach oben schiebt und tiefe Einblicke ermöglicht.

So verlassen naive, kokette Autofahrerinnen ihre Fahrzeuge. Unbewußt wollen sie mit dieser aufreizenden Pose die Aufmerksamkeit der Männer auf sich ziehen.

Die nervöse Frau greift gleichzeitig nach all den Dingen, die sie unterwegs eingekauft hat, hält Tüten und Pakete im Arm und steigt mit beiden Beinen gleichzeitig aus.

Das linke Bein ist angewinkelt, das rechte weit ausgestreckt, während die Fahrerin noch auf dem Sitz hockt – diese Körperhaltung spricht für die Überlegenheit der Frau, die mit ihrer Weiblichkeit völlig einverstanden ist. Sie genießt es, wenn sich die Männer bewundernd nach ihr umblicken.

Andere Frauen lassen sich regelrecht seitlich aus dem Wagen rollen. Diese Situation zeigt an, daß ihre Gefühle stark gehemmt sind. Sie ist unpraktisch veranlagt, aber dieser kleine Fehler verleiht ihr etwas Unbeholfenes, das die meisten Männer für anziehend halten.

Was die eigenen vier Wände erzählen

Ein erfahrener Eheberater erklärte mir: „Ich empfehle allen Leuten, die sich an einen Menschen fest binden wollen, sich vor diesem Schritt in der Wohnung des zukünftigen Partners genau umzusehen. Denn dabei können sie unter Umständen mehr über ihn erfahren als durch tausend Worte."

Tatsächlich verraten die eigenen vier Wände nicht nur, ob der Bewohner ordentlich und sauber ist, ob er sich mit hübschen Dingen umgibt, also ein Schöngeist ist – fast immer gestattet die Wohnung tiefe Einblicke in das Seelenleben des Menschen, wobei man allerdings bei Paaren und Familien vorher klären muß, wessen Geschmack sich da bei der Möblierung und Einrichtung durchgesetzt hat. Grundsätzlich gelten folgende Erkenntnisse:

Spärlich eingerichtete Räume mit weißen, fast schmucklosen Wänden werden von selbstbewußten Menschen bewohnt, die sich selbst genügen und nur wenig Wert auf zwischenmenschliche Beziehungen legen. Ihre wache Intelligenz verleiht ihnen Souveränität.

Überladene, mit Möbeln und Ziergegenständen vollgestopfte Wohnungen, die dennoch gemütlich wirken und an behagliche Höhlen erinnern, verraten, daß der

Bewohner phantasievoll ist und die Geselligkeit liebt. Das ist vor allem immer dann der Fall, wenn es viele bequeme Sitzgelegenheiten gibt. Menschen, die so wohnen, haben meistens eine gesunde Einstellung zum Leben.

Erinnert die Wohnung an eine kleine, perfekt eingerichtete Puppenstube mit zierlichen Möbeln, Schmuckgegenständen, Teppichen und Ziertüchern auf den Tischen, dann kann diese Zusammenstellung auf ein gestörtes Verhältnis zur Umwelt und auf Lebensangst hinweisen. Menschen mit einem verkrampften Sexualverhalten neigen beispielsweise dazu, sich in ihre „Puppenstube" zu verkriechen und die „schmutzige, böse" Welt da draußen einfach auszusperren.

Perfekt nach der neuesten Mode gestylte Wohnungen, deren Einrichtungen je nach Trend geändert werden, gehören oft Leuten, die eitel sind und ihren Mitmenschen imponieren möchten. Mit der schönen glatten Fassade wollen sie darüber hinwegtäuschen, daß ihr Gefühlsleben verkümmert ist.

Wer dagegen in seinen eigenen vier Wänden altes und neues Mobiliar nach eigenem Geschmack mischt und dabei auch vor liebenswertem Kitsch nicht zurückschreckt, entpuppt sich meistens im Alltagsleben als selbstbewußt, praxisnah und weltoffen.

Junge Paare, die sich mit Stilmöbeln oder entsprechenden Nachahmungen umgeben, legen Wert auf Traditionen und auf Äußerlichkeiten. Sie halten an überlieferten Moralbegriffen fest.

Farbenfrohe Wände oder auffallende Tapetenmuster finden sich häufig bei Leuten, die aggressiv reagieren und schnell die Selbstbeherrschung verlieren. Sie sind immer in Eile und finden vor lauter Hektik keine Ruhe. Häufig führen sie Kleinkriege mit ihren Nachbarn.

Zu den Signalen, die einen positiven Charakter haben, gehören Ansammlungen von liebevoll gerahmten Familienfotos, die entweder die Wände schmücken oder auf einer Kommode stehen. Das ist ein Zeichen dafür, daß der Bewohner Wert auf enge Bindungen legt. Oft sind diese privaten Bildersammlungen auch Ausdruck einer ungestillten Sehnsucht nach Geborgenheit.

Topfpflanzen im Wohnzimmer verraten den Hang zur Fürsorge, aber auch zum Eigenbrötlerischen.

Es gibt Wohnungen, denen man auf Anhieb ansieht, daß in ihnen für einen weiteren Bewohner kein Platz ist. Und das liegt nicht am Raumangebot. Vollgestopfte Bücherregale bis zur Decke, dazu noch Büchertürme in allen Zimmerecken signalisieren: Hier wohnt ein Büchernarr, der nicht gestört werden möchte – es sei denn von einem anderen Büchernarren.

Ähnlich ist es, wenn die Wohnung mit seltenen exotischen Tieren geteilt wird – mit Schlangen zum Beispiel oder Affen, die über die Möbel hinwegturnen oder bunt gefiederten Papageien, die frei herumflattern. Hinter dieser Tierliebe verbirgt sich oft ein sehr schwieriger, verschlossener Charakter, zu dem man nur schwer Zugang findet.

Auch ein Blick in das Arbeitszimmer kann aufschlußreich sein. Bombastische Möbel – zum Beispiel ein riesiger Schreibtisch – weisen auf Machtstreben hin – es sei denn, die imposante Einrichtung wurde dem Mitarbeiter von höherer Stelle aufgedrängt.

Gibt es in dem Büro Sitzecken, die bereits Gebrauchsspuren zeigen, dann liegt der Rückschluß nahe, daß hier ein Mensch arbeitet, der viel von Teamwork hält und die Probleme gerne gründlich durchdiskutiert.

Ein unaufgeräumter Schreibtisch soll häufig signalisieren: Ich bin sehr fleißig und lade mir immer neue Arbeit auf. Ein erfahrener Personalchef aber wird diesen Anblick anders werten: Hier wird jemand nicht mit seinem Pensum fertig, ist also überfordert und kann daher keine Ordnung halten.

Ein leerer, aufgeräumter Schreibtisch, auf dem nur einige Schreibinstrumente sorgfältig aufgereiht liegen, weist auf Disziplin und die Fähigkeit zu systematischer Arbeit hin.

Familienfotos im Arbeitszimmer können darauf hinweisen, daß die Person in ihrer Arbeit keine Erfüllung findet. Die Fotos sollen daran erinnern, für wen hier Tag für Tag hart geschuftet wird.

Entlarvende Fotos

Erst als ihre Verlobung wegen sexueller Schwierigkeiten des Bräutigams in die Brüche gegangen war, erkannte die Studentin: „Ich hätte mir die zahlreichen Fotos, die Horst im Laufe der Jahre geschossen hat, genauer ansehen sollen. Dann hätte ich nämlich schon vorher gewußt, was mit ihm los ist, und mir wäre eine schwere Enttäuschung erspart geblieben."

Zu spät hatte sich die zukünftige Sozialpädagogin mit einem relativ neuen Kapitel der psychologischen Forschung beschäftigt – mit der Analyse von Amateurfotografien.

Sozusagen als Randergebnis der Medienforschung fanden Wissenschaftler heraus, daß all die Millionen Fotos, die Jahr für Jahr von Fotografen geschossen werden, eine doppelte Aussage haben: einmal die eigentliche Abbildung, also das Motiv, und zum zweiten die Gefühle des Fotografen, die ganz unbewußt die Bildgestaltung beeinflussen. Sie lassen sich an ganz bestimmten verschlüsselten Bildhieroglyphen ablesen.

Wirklich aussagekräftig sind allerdings nur mehrere Fotos oder ganze Dia-Reihen, die möglichst aus einem überschaubaren Zeitraum stammen sollten.

Hilfreich ist es auch, wenn der Fotograf Gelegenheit hat, seine Schnappschüsse zu kommentieren, weil dadurch der Zugang zu der Seele erleichtert wird. Wer sich auf die Fotopsychologie versteht, kann vieles über die Persönlichkeit des Fotografen erfahren.

Beim Betrachten der Fotos, die der ehemalige Verlobte der jungen Studentin gemacht hatte, fiel auf, daß alle abgebildeten Frauen – also nicht nur die Braut, sondern auch die beiden Schwestern und weibliche Bekannte – von dem Lichtbildler dazu gezwungen worden waren, völlig verkrampfte Posen einzunehmen. „Wenn ich ganz natürlich und entspannt dastand, war er mit mir nicht zufrieden und mochte nicht auf den Auslöser drücken", erinnerte sich später die Studentin.

So gab es viele Bilder, auf denen die weiblichen Modelle so dastanden, als würden sie jeden Augenblick hinfallen. Auffällig war auch, daß alle Frauen aus großer Distanz abgelichtet worden waren, so daß man ihre Gesichter kaum erkennen konnte.

Außerdem hat der Fotograf immer Wert auf schmükkendes Beiwerk gelegt – einmal wurde der ganze Oberkörper einer jungen Frau von einem blühenden Zweig verdeckt, auf dem anderen Bild waren im Hintergrund Segelschiffe zu sehen, so daß der Verdacht nahelag, all diese Details seien ganz bewußt gewählt worden, um von den abgebildeten Personen abzulenken.

Diese Tatsachen, die „unmöglichen" Posen und die Distanz, symbolisieren eine starke Spannung zu dem Dargestellten und damit zu dem anderen Geschlecht.

Immer wenn der Fotograf Männer abgelichtet hatte, war er mit der Kamera ganz nahe herangegangen, hatte sie in völlig entspannter Haltung fotografiert und auf ablenkende Zutaten verzichtet. In dieser Bildersammlung kündigte sich die sexuelle Krise und die homosexuelle Veranlagung des Fotografen an, die ihm erst im Verlauf der zweijährigen Verlobung richtig bewußt wurde.

Auch ungewollt unscharfe Fotos oder Bilder, auf denen die Köpfe der Abgebildeten durch den Bildrand abgeschnitten sind, spiegeln ein gestörtes Verhältnis zu den Modellen wider.

Als junger Reporter erhielt ich den Auftrag, in der Haftanstalt einen Familienvater zu interviewen, der im Affekt seine herrschsüchtige Frau und deren Mutter erstochen hatte – eine Tat, die für alle, die den Mörder kannten, völlig überraschend gekommen war, weil der Täter als besonders sanftmütig galt.

Zusammen mit ihm blätterte ich in der Besucherzelle drei dicke Fotoalben mit Privatfotos durch, die der Frauenmörder im Laufe der Jahre angelegt hatte.

Bei vielen Fotos, die etwa ein Jahr vor der Verzweiflungstat entstanden waren, waren die Köpfe der beiden Frauen entweder bis zur völligen Unkenntlichkeit verschwommen oder durch einen falschen Bildausschnitt abgeschnitten worden. Der Täter gestand mir, er habe schon lange vor der Tat daran gedacht, seine beiden Peinigerinnen zu töten. Die mißlungenen Fotos waren also so etwas wie Notsignale, die die bevorstehende Gewalttat deutlich ankündigten.

Häufen sich in Alben und anderen Fotosammlungen Tierfotos, dann kann diese Anhäufung eines einzelnen Sujets auf eine unausgefüllte Gefühlswelt des Fotografen hinweisen. Diese Menschen sind sehr sensibel und fühlen sich allzu rasch unverstanden. Es liegt ihnen nicht, direkt auf ihre Mitmenschen zuzugehen und ihnen zu verstehen zu geben, daß sie an zwischenmenschlichen Beziehungen interessiert sind.

Eine Vorliebe für leblose Bildmotive, also für Stilleben, haben Menschen, die sich mit ihrer Meinung nicht gerne festlegen. Mit Diplomatie und viel Geschick umgehen sie alle Schwierigkeiten des Lebens.

Ähnliche Eigenschaften haben Fotografen, die eine Vorliebe für Gruppenbilder haben, wobei auf den Fotos viele Details zu sehen sind, die eigentlich nichts mit den abgebildeten Personen zu tun haben. Typisch sind die aus der Distanz geschossenen Strandbilder von Urlaubsbekannten, auf denen man rechts und links, vorne und hinten Sonnenschirme, Liegestühle und Sandburgen sieht. Stur halten diese Fotografen an ihrer einmal gefaßten Meinung fest und neigen auch zu einseitigen Verhaltensmustern – zum Beispiel die Lösung privater Probleme mit Hilfe von Alkohol.

Aus naher oder mittlerer Entfernung aufgenommene Gruppenfotos ohne ablenkendes Beiwerk werden bevorzugt von Menschen geknipst, die als spontan aktiv und offen gelten. Sie sind an zwischenmenschlichen Beziehungen sehr interessiert und sehen in guten Freundschaften eine wichtige Bereicherung ihres Lebens.

Schnappschüsse, die immer wieder Personen mit dem Rücken zur Kamera zeigen, lassen den Rückschluß zu, daß der Fotograf zwar grundsätzlich an Kontakten interessiert ist, daß er aber Angst hat, auf Ablehnung zu stoßen. Oft ist Enttäuschung die Ursache dieses Verhaltens.

Wirken die abgebildeten Personen merkwürdig statisch – wie erstarrt – dann kann es sein, daß der Fotograf unter Trennungsängsten leidet.

Eine reiche Sammlung dramatischer Naturaufnahmen – Meeresbrandung, Sonnenuntergang, Wolkenbildung – verrät, daß der Fotograf in einer schweren seelischen Krise steckt.

Männer und Frauen, die mit beiden Beinen im Leben stehen und ein gesundes Verhältnis zur Umwelt haben, bevorzugen nach Meinung der Psychologen Fotos, die mit der Sofortbildkamera geschossen wurden. Diese Apparate, die die Bilder ohne langen Umweg über das Labor liefern, kommen ihrem spontanen, aktiven Wesen sehr entgegen.

Sehr schnell zu entlarven ist der fotografierende Angeber, der mit dem Abgebildeten nur protzen will. Und wenn er nichts hat, womit er angeben kann, dann lichtet er sich mit Selbstauslöser vor einem fremden Luxuswagen ab und gibt ihn später als sein Eigentum aus.

Menschenkenntnis – ein neues Gesellschaftsspiel

Wer sich heute um eine Stellung bewirbt, muß damit rechnen, zu einem sogenannten Persönlichkeitstest aufgefordert zu werden. Dabei geht es nicht etwa um die Feststellung der beruflichen Fähigkeiten; vielmehr soll der Test Auskunft über die ganz persönlichen Stärken und Schwächen des Bewerbers geben.

Die Psychologen glauben, sich anhand ausgeklügelter Prüfungsaufgaben und -fragen Einblicke in das Intimleben des Kandidaten verschaffen zu können und am Ende der Testauswertung umfassend über dessen heimliche Ängste, Konflikte, Neigungen und Abhängigkeiten informiert zu sein.

In die Aufgaben haben sie geschickt Fangfragen – eine sogenannte Lügenskala – eingebaut, mit der sie die Ehrlichkeit der Testperson genau feststellen können.

Natürlich setzen die rund hundert gängigen Persönlichkeitstests umfangreiche Prüfungsunterlagen voraus, die dann auch nur von einem erfahrenen Fachpsychologen ausgewertet werden können. Aber einige Tests sind so aufgebaut, daß sie auch von einem informierten Laien angewandt werden können, wenn er die erforderliche Sachkenntnis und vor allem ausreichend Einfühlungsvermögen besitzt. Am besten schult man seine Testerfahrung im Freundeskreis in Form eines zwanglosen Gesellschaftsspiels, bei dem den Mitwirkenden ganz bestimmte Aufgaben gestellt werden. Dabei kommt sicherlich manches zutage, was Sie von Ihren Freunden und Bekannten noch nicht gewußt haben. Dennoch sollte man diesen ersten Versuch nicht bierernst nehmen. Erst wenn man auf diesem Gebiet eine gewisse Sicherheit erlangt hat, kann man die Tests gezielt zur Vertiefung seiner eigenen Menschenkenntnis einsetzen.

Eines der bekanntesten psychologischen Meßverfahren zur Überprüfung der Persönlichkeitsstruktur ist der Rorschach-Test, der vor mehr als einem halben Jahrhundert von dem Schweizer Psychiater Hermann Rorschach entwickelt wurde. Es geht bei diesem Verfahren darum, zehn feststehende „Klecksbilder" zu interpretieren, also spontan zu sagen, was man aus den Klecksen erkennt. Diese Interpretationen werden dann nach einem genau festgelegten Auswertungssystem benotet.

Wer keine Möglichkeit hat, sich die zehn Rorschach-Tafeln zu besorgen, kann sich auch eigene Vorlagen anfertigen. Tinte wird auf ein Stück Papier gespritzt, das man dann in der Mitte faltet und zusammenpreßt, so daß auf der anderen Hälfte ein deckungsgleiches Abbild entsteht. In den folgenden Abschnitten erfahren Sie, worauf Sie bei der Auswertung der Interpretationen achten müssen: Die Psychologen gehen nämlich davon aus, daß der Kandidat bei dem Versuch, den Klecksen einen Sinn zu geben, viel über sich selbst verrät.

Wenn der Testperson das erste „Klecksbild" vorgelegt und sie dabei gefragt wird, was sie auf dem Papier sehe, gibt schon die erste Reaktion Auskunft über das Wesen des „Prüflings“. Ein spontaner, phantasievoller Mensch wird sich von dieser Aufgabe immer herausgefordert fühlen. Ohne lange zu zögern, wird er mit seiner Interpretation beginnen. Ein ängstlicher, gehemmter Kandidat dagegen empfindet die Aufforderung erst einmal als Zumutung und als Bedrohung. Gesichtsausdruck und Körperhaltung spiegeln Ablehnung oder Erstaunen wider. Nur langsam und stockend erzählt er, was er in den Klecksen zu erkennen glaubt.

Wenn ihm dann noch für seine Deutung ein Zeitlimit gesetzt wird, verliert er rasch den Überblick und weicht vom Thema ab – ein Anzeichen für Labilität.

Sobald das Limit aufgehoben und damit der Zeitdruck beendet wird, entlarvt sich diese Testperson durch ihre Geschwätzigkeit.

Um es noch einmal zu betonen: Bei den professionellen Rorschach-Tests erfolgt die Auswahl der Kleckse – so zufällig sie auch wirken mag – so gezielt, daß jede Bildtafel ganz bestimmte Gefühle wachruft, und sehr bewußt enthalten einige der schwarzen Kleckssbilder auch farbige Elemente, mit denen das Reaktionsvermögen des Prüflings getestet werden soll. Wer sich bei seinen Deutungsversuchen rasch auf das Farbelement einstellt und es in seine Interpretation mit einbezieht, ohne es überzubewerten, gilt als entschlossen und realistisch. Wird so getan, als sei die Farbe gar nicht da, dann folgern die Psychologen aus dieser Haltung: Der Prüfling verfügt über ein nur schwach ausgeprägtes Gefühlsleben.

Der erfahrene Fachpsychologe weiß auch sehr genau, welche Einzelheiten in den Erklärungen besonders verräterisch sind. Aber auch wenn der Laie diese Feinheiten nicht kennt, kann er mit Hilfe seiner improvisierten Tests herausfinden, ob er es mit einem freien, selbstbewußten oder einem gehemmten, problembeladenen Menschen zu tun hat. Der Gehemmte hält sich bei seiner „Klecks-Deutung“ an den Details der Abbildung fest, verliert sich in tausend Einzelheiten, während der freie, seelisch gesunde Mensch das ganze Bild in seine Interpretation mit einbezieht.

Läßt sich die Testperson nur von den Umrissen des Kleckses inspirieren und geht auf die übrigen Bestandteile der Abbildung überhaupt nicht ein, so liegt der Verdacht nahe, daß es sich um eine emotionsarme Persönlichkeit handelt.

Je phantasievoller die Erklärungen ausfallen, desto reicher ist das Gefühlsleben des „Prüflings“. Sobald sich aber die Deutungen so anhören, als seien sie an den Haaren herbeigezogen worden, weil sie mit der Vorlage überhaupt nichts mehr gemein haben, ist der Rückschluß erlaubt, daß es sich bei der Testperson um einen Eigenbrötler handelt, der sich nur schwer anderen Leuten anschließt.

Den positiven Menschen erkennt man auch an der Fähigkeit, in den „Klecksbildern“ Bewegungsabläufe wie „Tanzen“, „Laufen“, oder „Fliegen“ zu sehen, während Konfliktbeladene dazu neigen, vorwiegend starre Gegenstände zu beschreiben.

Menschliche Figuren, die sich bewegen, sprechen für ein gesundes Selbstvertrauen und für ausgeprägte Kontaktfreudigkeit. Wer in den Klecksen Tiere wiedererkennt, verfügt über Eigenschaften wie „Zähigkeit“,

„Genügsamkeit", aber auch über einen ausgeprägten Hunger nach Liebe und Anerkennung.

Hellhörig werden die Fachpsychologen immer dann, wenn sich ein Stellenbewerber beim Rorschach-Test darauf beschränkt, die freien Zwischenräume in den „Klecksbildern" als Figuren, Tiere, Gegenstände zu deuten. Denn diese Eigenart verrät, daß man es mit einem schwierigen Menschen zu tun hat, der rechthaberisch und starrsinnig ist. Gehört die Deutung der leeren Zwischenräume eher zu den Ausnahmen, dann verfügt die Testperson über Zivilcourage und über eine gesunde Portion Selbstvertrauen.

Niemand muß sich schämen, wenn die „Klecksbilder" auch sexuelle Assoziationen wachrufen – zum Beispiel ein Liebespaar, das sich umarmt, oder ein männliches Glied.

Und die Verfechter dieser Testmethode halten es für keinen Nachteil, wenn man bei der Beschreibung dieser Dinge kein Blatt vor den Mund nimmt und so spricht, wie einem der Schnabel gewachsen ist. Denn daraus lassen sich Realitätssinn und Selbstbewußtsein ablesen. Wenn sich die sexbezogenen Deutungen häufen, dann liegt der Verdacht nahe, daß die Testperson in ihrem Intimbereich stark gestört ist. Entweder wird sie mit ihrem eigenen Trieb nicht fertig, oder sie leidet unter tief verwurzelten Ängsten.

Unbewältigte Ängste liegen auch vor, wenn die Kleckse bei dem Prüfling viele Horror-Visionen hervorrufen, wenn er also in den Abbildungen züngelnde Flammen, dunklen Rauch, zerstörerische Fluten, aufspritzendes Blut oder gefährliche Waffen sieht.

Häufig versuchen es sich die Kandidaten einfach zu machen, indem sie nach einem kurzen Blick auf die Abbildung erklären: „Das ist eine Landkarte von irgendeinem weit entfernten Kontinent." Doch der Fachmann schließt aus dieser Erklärung sofort: Der Prüfling ist noch sehr unreif.

Wer in den Klecksen vorwiegend menschliche Gliedmaßen – einen Finger, einen Fuß – erkennt, gilt als stark gehemmt und eigensinnig.

Am Ende der Testreihe kann der Prüfer der Testperson einige der Klecksbilder noch einmal zeigen und ihr dann mehrere Deutungsvorschläge unterbreiten. Geht sie darauf ein oder läßt sie die Vorschläge wenigstens gelten, dann verfügt sie über Einfühlungsvermögen und Anpassungsfähigkeit.

Eine andere Möglichkeit, sich sozusagen spielerisch Einblick in die Seele der Mitmenschen zu verschaffen, ist der sogenannte DAP-Test. Hinter der geheimnisvollen Abkürzung verbirgt sich die englische Aufforderung: Draw a person – zeichne einen Menschen!

Mit einer ähnlichen Prüfungsmethode testet man in den USA schon seit Jahrzehnten die Beobachtungsgabe und die Denkfähigkeit kleiner Kinder. Aber auch bei Erwachsenen hat sich das Männchen-Malen als Seelentest bewährt, denn unwillkürlich – so glauben wenigstens die Experten – zeichnet jeder von uns mit dem Männchen ein Selbstbildnis, in dem die eigenen Triebe, Konflikte und verborgenen Wünsche sichtbar werden. So werden schon ein kurzes Zögern vor Inangriffnahme der Aufgabe und andere Zeichen des Unbehagens als Hinweis auf ein gestörtes Verhältnis zu sich selbst gewertet.

Ein Mensch mit einem gesunden Selbstwertgefühl greift sofort zum Stift und malt munter drauf los. Seine Figur fällt nicht zu klein und mickrig aus, steht mit den Füßen etwa in der Mitte des Blattes, so daß der übrige Körper das rechte Oberteil des Blattes einnimmt. Diese Aufteilung des freien Raums spricht für eine optimistische, der Umwelt zugewandte Lebenseinstellung. Reife, seelisch gesunde Testpersonen sorgen dafür, daß ihr kleines „Kunstwerk" in den Proportionen einigermaßen ausgewogen wirkt. Nur der Kopf darf etwas ausgeprägter sein; denn er gilt bei diesem Test als Sitz der Persönlichkeit.

Ähnelt das Köpfchen eher einem Punkt oder einem kleinen Kreis, dann weiß der Psychologe, daß der Prüfling mit starken Minderwertigkeitsgefühlen belastet ist.

Künstlerische Talente werden bei diesem Test nicht verlangt, aber ein planmäßiges Vorgehen beim Zeichnen, das beim Kopf beginnt, sich über den Leib fortsetzt und an den Füßen beendet wird, verrät: Zielstrebigkeit, Offenheit und Optimismus.

Wandert der Stift dagegen unruhig auf dem Blatt hin und her, arbeitet der Zeichner ohne jede Methode, dann gilt das als Ausdruck von Zaghaftigkeit. Die Testperson neigt zu auffälligen Stimmungsschwankungen und Depressionen.

Sogar Details haben bei diesem Test ihre Bedeutung: Trägt das Strichmännchen oder -weibchen eine auffallende Haartracht oder eine Kopfbedeckung, dann liegen häufig sexuelle Konflikte vor.

Extrem große Ohren gelten als verdächtig, weil sie auf ein stark ausgeprägtes Mißtrauen schließen lassen. Sind die Ohren dagegen sehr klein, oder fehlen sie völlig, dann lautet die Folgerung: Der Zeichner ist starrsinnig, überheblich und hat ein gespanntes Verhältnis zu seiner Umwelt.

Nehmen Sie als Tester auch die Hände der gezeichneten Figur genau unter die Lupe! Wirken sie wie Krallen, dann ist Vorsicht geboten: Die Testperson neigt zu heftigen Aggressionen, die sie nur schwer unterdrücken kann. Eine unreife, naiv veranlagte Persönlichkeit erkennt man an der Neigung, vor allem die Hände mit allen zehn Fingern besonders liebevoll und sorgfältig auszumalen.

Auch aus der Bekleidung der Figur lassen sich gewisse Rückschlüsse ziehen: Eine Knopfleiste auf der Mitte des Leibes gilt als Zeichen von Unreife und Unselbständigkeit. Gürtel sind sozusagen Symbole krankhafter Selbstkontrolle. Der Mensch kann nicht aus sich herausgehen, hat ständig Angst, unangenehm aufzufallen, und verbirgt seine wahren Gefühle hinter einer Maske.

Aus auffällig gezeichneten Taschen zieht der Experte den Rückschluß: Die Testperson leidet unter ihrer eigenen Schwäche und unter Abhängigkeiten, die sie in der Öffentlichkeit ängstlich zu verbergen versucht. So werden Alkoholkranke und Drogensüchtige bei dem Draw-a-person-Test häufig an den verräterischen Taschen erkannt, mit denen sie ihre Figuren schmücken.

Großen Aussagewert hat auch der Gesamteindruck der gezeichneten Figur. Weil man davon ausgehen kann, daß es sich dabei um ein Selbstbildnis handelt –

auch wenn das dem „Künstler“ gar nicht bewußt ist–, verrät das Strichmännchen oder -weibchen auch etwas über die Stimmungslage der Testperson.

Wirkt das Männchen heiter, dann ist auch der Urheber der Zeichnung fröhlich und lebensbejahend. Strahlt es Selbstbewußtsein, Stärke und Aktivität aus, so verfügt auch die Testperson über diese Vorzüge. Ein labiler, gestörter, unglücklicher Mensch entlarvt sich durch seine Zeichnung, die alle diese negativen Seiten widerspiegelt.

Interessant kann es auch sein, wenn der Testleiter den Prüfling bittet, zu seiner Zeichnung Stellung zu nehmen und zu erklären, wen er da gemalt hat. Aktive Männer und Frauen mit einem gesunden Selbstvertrauen und großer innerer Stabilität werden sofort antworten: „Das bin ich“ oder: „Das ist ein guter Freund von mir.“ Wenn diese Personen Selbstkritik an dem „Kunstwerk“ üben, dann bezieht es sich ausschließlich auf die eigenen zeichnerischen Fähigkeiten, nie aber auf die abgebildete Person.

Labile, konfliktbeladene Personen lehnen es ab, sich mit der von ihnen gezeichneten Figur zu identifizieren. Sie machen den Prüfungsleiter bei der Befragung ausdrücklich auf Charaktermängel und Schwächen des von ihnen gemalten Männchens aufmerksam.

Manche Psychologen schwören auch auf den Bäumchen-Test, bei dem der Proband aufgefordert wird, einen Obstbaum zu zeichnen – eine Testmethode, die in der Schweiz entwickelt wurde und die dort vor allem bei der Erziehungsberatung eine wichtige Rolle spielt.

Dabei wird davon ausgegangen, daß der Mensch gerade beim Zeichnen eines Baumes – Symbol des

Lebens, der Kraft und der Urwüchsigkeit – unbewußt ganz bestimmte Eigenschaften offenbart.

Und darauf sollten Sie bei dem Bäumchen-Test besonders achten: Ein schlanker aber kräftiger und vor allem gerade gewachsener Baumstamm gilt als Zeichen für Vitalität und Aktivität. Man hat es mit einem praktisch veranlagten Menschen zu tun.

Den ideenreichen, phantasievollen Intellektuellen, der sich für seine Ideen begeistert, erkennt man an dem von ihm gezeichneten kurzen Baumstamm mit der nach oben strebenden Baumkrone.

Wirkt die Krone breit und an den Seiten weit ausladend, dann liest der Psychologe aus diesen Details folgende Eigenschaften des „Künstlers“ ab: Selbstbewußtsein, Güte, Aufopferungsbereitschaft und Gemeinschaftssinn. Ausbuchtungen am Stamm weisen dagegen auf gewisse Schwächen hin, etwa auf Neid und Mißtrauen. Kerben und auffällige Wucherungen werden ebenfalls als Ausdruck charakterlicher Schwächen gewertet.

Eine nicht in sich geschlossene, sondern in einzelne Verästelungen aufgeteilte Baumkrone verrät den disziplinierten, meist einseitig technisch begabten Praktiker, dessen Einfühlungsvermögen und Phantasie nur schwach entwickelt sind.

Positive Charaktermerkmale, wie Sensibilität, Einfühlungsvermögen und Kreativität, vermuten die Psychologen, wenn jemand auf die Idee kommt, die Äpfel oder Birnen seines Baumes als Fallobst, also auf dem Erdboden liegend, zu zeichnen. Durch diesen Einfall signalisiert er, daß er fähig ist, sich von Althergebrachtem rasch zu trennen und neue Wege einzuschlagen. Wegen seiner Eigenschaften wird diesem Menschen in Gemeinschaften schnell eine Führungsrolle zugewiesen.

Auf geistige Wendigkeit lassen einzelne, sorgfältig ausgemalte Blätter schließen; doch sobald sich das Blattwerk in der Krone ballt, hat man es mit einer Person zu tun, die sehr eitel ist und andere bewußt täuschen möchte.

Aufschlußreiche Informationen beziehen die Tester auch aus der Form der einzelnen Äste. Zierliche Verästelungen, die nur mit dünnen Strichen angedeutet wurden, weisen auf Überempfindlichkeit hin. Der Zeichner ist schnell beleidigt und fühlt sich von seinen Mitmenschen häufig falsch verstanden. Diese Lebenseinstellung kann zu einer schlimmen Verbitterung führen.

Forschungsdrang, Neugier, Ehrgeiz, aber auch den Hang zu Aggressionen lesen die Wissenschaftler von spitz zulaufenden Baumästen ab, während runde Astenden, die wie abgesägt aussehen, eine gute Denkfähigkeit vermuten lassen.

Die Psychologen interessieren sich auch für die Wurzeln des Baumes. Wer sein Bäumchen auf eine kleine Anhöhe pflanzt, gilt als überheblich und rechthaberisch.

Einige gut sichtbare Wurzeln werden als Hinweis auf erstaunliche Energie und Beständigkeit gewertet. Doch sobald das Wurzelwerk wuchtiger wirkt als die Baumkrone, liegen nach Meinung der Experten schwere Konflikte, der Hang zur Haltlosigkeit und Suchtgefährdung vor.

Negative Wesensmerkmale werden auch angenommen, wenn das Bäumchen ohne jeden Untergrund frei im Raum steht. Dann hat man es mit der Zeichnung eines labilen Menschen zu tun, der behäbig ist und gern den Weg des geringsten Widerstandes geht.

Stamm und Wurzeln verleiten viele Testpersonen dazu, Schraffierungen anzubringen, die das „Kunstwerk“ plastischer machen sollen. Behutsam dosiert, zeugen diese Striche von Sensibilität, Schönheitsempfinden, gepaart mit einem guten Gespür für die Realität.

Doch wenn die kräftigen Schattierungen düster wirken, lautet die Folgerung: Dieser Mensch steht seiner Umwelt feindselig gegenüber und wird mit den Aufgaben des Alltags nur schwer fertig.

Verdächtig ist es auch, wenn der „Künstler“ für seinen Baum eine ganze Hintergrundlandschaft erfindet. Denn das verrät Schwatzhaftigkeit, Unkonzentriertheit und Neigungen zur Untreue.

Wenn es darum geht, herauszufinden, wie Personen mit sich selbst und ihrer Umwelt zurechtkommen, bietet sich ein anderes Testverfahren an, das zwar in Deutschland entwickelt wurde, das aber vorwiegend in den USA angewandt wird, beispielsweise bei der Armee, die mit diesem Test Soldaten ermittelt, die das Zeug zum Vorgesetzten haben.

Bei dieser Prüfungsmethode werden dem Probanden Satzanfänge vorgelegt, die er dann ganz spontan ergänzen muß. Dabei enthüllt er völlig unbewußt seine Einstellung zu sich selbst und zu seinen Mitmenschen und gibt Auskunft über seine Anpassungsfähigkeit, Kontaktfreude, aber auch über seine Ängste und Konflikte.

Inzwischen machen bei den Psychologen rund fünfzig verschiedene Zusammenstellungen geschickt ausgeklügelter Satzanfänge die Runde, aber wer diese Form der Charakterforschung als eine Art Gesellschaftsspiel mit ernstem Hintergrund betreiben möchte, kann sich auch selbst Satzanfänge ausdenken.

Sie sollten so formuliert sein, daß sie ganz automatisch tiefverwurzelte Ängste – falls sie vorhanden sind – wachrufen.

Vorgegeben wird beispielsweise der Satzanfang: „Wenn ich nachts durch dunkle Straßen gehe ..."

Der ängstliche, kontaktarme Mensch wird spontan ergänzen: „... habe ich immer Angst vor Verbrechern, die mir Gewalt antun könnten."

Die Ergänzung des positiv eingestellten Zeitgenossen lautet dagegen beispielsweise: „... bin ich immer wieder überrascht, wie viele Leute noch unterwegs sind."

Andere Satzanfänge versuchen, Erinnerungen an die eigene Kindheit wachzurufen, um auf diese Weise zu prüfen, ob die Testperson unter irgendwelchen frühkindlichen Störungen leidet.

Auch dafür ein Beispiel: „Mein traurigstes Kindheitserlebnis ist ..." Die Ergänzung eines Mannes oder einer Frau mit stabilem und gesundem Charakter könnte zum Beispiel lauten: „... ist der Tag, an dem ich meinen Eltern wegen meiner Nichtversetzung großen Kummer bereitet habe."

In dieser Ergänzung finden sich keine Hinweise auf eine Schuldzuweisung. Sie zeugt dagegen von der Fähigkeit, sich selbstkritisch zu begutachten.

Anders ist der Fall, wenn die Ergänzung beispielsweise lautet: „... ist die Nacht, in der mich meine Mutter in der wildfremden Wohnung alleingelassen hat, so daß ich bis zum Morgengrauen geweint habe. Das konnte ich ihr lange Zeit nicht verzeihen."

Bei diesem Satzende liegt der Verdacht nahe, daß das Mutter-Kind-Verhältnis gestört war und schwere Konflikte ausgelöst hat.

Mit diesem Test läßt sich auch die Einstellung zur Sexualität und zum anderen Geschlecht überprüfen. Dazu werden kurze Satzanfänge wie „Die jungen Mädchen von heute ..." vorgegeben. Der Mann mit einem gesunden Verhältnis zu Frauen antwortet spontan: „... sind eine wahre Augenweide." Der Verklemmte ergänzt dagegen: „... sind verdorben."

Die Einstellung zu Mitmenschen läßt sich mit Satzanfängen wie „Meine Nachbarn ..." oder „Meine Kollegen ..." überprüfen.

Bei diesem Test fallen Personen mit einer positiven Lebenseinstellung häufig auch durch originelle Antworten auf.

Die vier Temperamente

Die alten Griechen teilten die Menschen in vier Temperamente ein, wobei sie davon ausgingen, daß die Zusammensetzung des Blutes und der Galle entscheidenden Einfluß auf das Wesen und die Veranlagung haben.

Diese Einteilung, die im Laufe der Jahrhunderte immer wieder durch neue Erkenntnisse ergänzt und verändert wurde, hat immer noch ihre Gültigkeit und kann helfen, unsere Mitmenschen richtig einzuordnen oder einzuschätzen.

Der *Sanguiniker* ist von Hause aus ein Optimist, der das Leben durch eine rosarote Brille betrachtet. Niederlagen überwindet dieses Stehauf-Männchen rasch. Wegen seines Witzes und seiner Schlagfertigkeit ist er als Gesellschafter sehr beliebt, doch das gründliche Durchdenken schwieriger Probleme ist nicht seine Stärke. Dazu ist der Sanguiniker viel zu oberflächlich und flatterhaft. Immer wieder nimmt er irgendwelche neuen Dinge in Angriff, an denen er aber rasch das Interesse verliert. Dieses Unstete in seinem Wesen führt zu einer raschen Erregbarkeit. Dabei nimmt er es auch in Kauf, daß er andere beleidigt und kränkt. Er selber hat diesen Zwischenfall schnell vergessen und wundert sich dann, wenn ihm seine Mitmenschen böse sind.

Der *Choleriker* ist kämpferisch veranlagt, tatkräftig,

manchmal auch rücksichtslos. Er neigt zu unbeherrschten Temperamentsausbrüchen, fängt sich aber schnell wieder und ist alles andere als nachtragend. Sein ungezügeltes Temperament, das den Umgang mit ihm nicht gerade leicht macht, ist zugleich so etwas wie sein Antriebsmotor, der den Ruhelosen zum Erfolg verhilft.

Der *Phlegmatiker* ist sehr geduldig und gelassen, verfügt über keine starken Antriebskräfte. Am liebsten läßt er die Dinge einfach auf sich zukommen. Zwar beobachtet er die Geschehnisse um sich herum sehr genau, aber er verspürt nie den Ehrgeiz, irgendwelche Sachverhalte zu verändern. Alle Reize lassen ihn kalt, so daß er manchmal auf seine Umgebung geradezu stumpfsinnig wirkt. Dennoch schätzt man ihn, weil er ein geselliger, unkomplizierter Zeitgenosse ist, der die schönen Seiten des Lebens - gutes Essen zum Beispiel - zu schätzen weiß. Aber konkrete Hilfe darf man von ihm nicht erwarten.

Der *Melancholiker* neigt zu Grübeleien, die stets zu der Erkenntnis führen: Die Zukunft ist dunkel und hoffnungslos. Er hat nur Augen für das Schlechte dieser Welt und nimmt die schönen Seiten des Lebens überhaupt nicht wahr. Der Melancholiker neigt zu Mißtrauen, Angst und Geiz. Dabei hat er im Grunde genommen das geistige Rüstzeug, um mit den Schwierigkeiten des Lebens fertig zu werden. Doch er macht überhaupt keinen Versuch, die von der Natur verliehenen Talente sinnvoll einzusetzen, weil das seiner Meinung nach nichts ändern würde. So flüchtet er sich in Selbstmitleid oder in eine gefährliche Scheinwelt. Nur wenn er Menschen begegnet, denen es wirklich sehr schlecht geht und die mit ihrem Elend sein düsteres Weltbild bestätigen, erwacht in ihm so etwas wie Hilfsbereitschaft.

Die moderne Farbpsychologie hat diese aus der Antike stammende Einteilung durch einen neuen interessanten Aspekt erweitert.

Man fand nämlich heraus, daß der Mensch entsprechend seinem Temperament eine Vorliebe für eine ganz bestimmte Farbe hat.

Der Choleriker wählt Rot, der Sanguiniker Gelb, der Phlegmatiker Blau, der Melancholiker entscheidet sich für Grün.

Nach dieser Einteilung können Sie also Ihre Mitmenschen auffordern: Nenne mir deine Lieblingsfarbe, und ich sage dir, wer du bist!

Für die alten Griechen hatte – wie bereits erwähnt – die Zusammensetzung des Blutes großen Einfluß auf das Temperament, also auf die Veranlagung des Menschen. Diese Theorie hat im 20. Jahrhundert eine geradezu verblüffende Bestätigung gefunden.

War die Einteilung in die Blutgruppen 0, A, B und AB, also nach dem Vorhandensein ganz bestimmter Substanzen im Blut bisher nur für Mediziner wichtig, hat die neuere Forschung herausgefunden, daß die einzelnen Blutgruppen auch mit ganz typischen Wesensmerkmalen verbunden sind.

Der sogenannte Rhesus-Faktor, der in der ärztlichen Praxis eine entscheidende Rolle spielt, ist bei dieser Einteilung ohne Bedeutung.

Ein Beweis für die Richtigkeit der Charakterbestimmung nach der Blutgruppe ist die wissenschaftlich erwiesene Tatsache, daß sich Menschen mit der gleichen Blutgruppe meistens besser verstehen als Leute mit unterschiedlichen Bluteigenschaften.

Männer und Frauen mit Blutgruppe 0 zeichnen sich durch starke Willenskraft aus, die für sie so etwas wie ein innerer Motor ist. Sie sind in geistiger und körperlicher Hinsicht ständig in Bewegung und können auch nach Feierabend oder im Urlaub nur schwer abschalten. Ruhelos, aber mit einer gewissen Zielstrebigkeit knüpfen sie neue Kontakte an und vergrößern so das Netz der sozialen Beziehungen, die sie geschickt bei der Karriereplanung einsetzen. In dieser Gruppe findet man viele Erfolgsmenschen, die sehr unduldsam reagieren, wenn andere mit ihrem atemberaubenden Tempo nicht Schritt halten können. Der Drang nach Perfektion macht sie zwangsläufig zu schwierigen Zeitgenossen. Die Willenskraft wird ganz bewußt zur Kontrolle des regen Gefühlslebens eingesetzt. Erst wenn diese Menschen ihrer Sache ganz sicher sind und an den Fortbestand einer Partnerschaft glauben, lassen sie ihren Leidenschaften freien Lauf. Doch auch in privaten Beziehungen beanspruchen sie die Führungsrolle. Aber wer sich ihnen anschließt, ist meistens gut beraten.

Menschen mit der Blutgruppe A gelten als wenig kontaktfreudige Einzelgänger. Sie sind zwar im Umgang mit Mitmenschen nicht gehemmt, aber sie brauchen viel Zeit, um zu wissen, ob der andere auch wirklich zu ihnen paßt. Wenn sie sich erst einmal für einen anderen entschieden haben, zeichnen sich ihre Beziehungen durch große Beständigkeit aus. Ausdauer zeigen diese Leute auch bei der Arbeit, vorausgesetzt sie haben eine Tätigkeit gefunden, die ihnen volle Befriedigung schenkt. Der

Hang zum vorsichtigen Abwägen bringt den Leuten mit der Blutgruppe A rasch den Ruf ein, kühl und berechnend zu sein. Auch bei Gesprächen hüllen sie sich lange Zeit in Schweigen, bis sie sich ein Urteil gebildet haben, das wirklich Hand und Fuß hat. Lügen, nicht ernst gemeinte Komplimente und Intrigen sind dieser Personengruppe zuwider.

Männer und Frauen mit der Blutgruppe B neigen in der Arbeit und im Privatleben zur Perfektion. Sie schonen sich selbst ebenso wenig wie andere. Das macht den Umgang mit ihnen oft schwer. Wer ihren hohen Ansprüchen nicht genügt, wird gnadenlos verurteilt. Und wehe, diesen Personen unterläuft selbst ein Fehler! Dann quälen sie sich tagelang mit Selbstvorwürfen. Weil ihr ganzes Streben klar auf bestimmte Ziele ausgerichtet ist und sie sich gerne einer unsentimentalen nüchternen Sprache bedienen, tut man ihnen schnell unrecht und hält sie für Leute ohne Herz und ohne reiches Seelenleben. Doch wer die Personen näher kennenlernt, erfährt, daß sie durchaus in der Lage sind, tief zu empfinden.

Personen mit der Blutgruppe AB fallen durch ein reiches Gefühlsleben auf, das ihr ganzes Dasein entscheidend bestimmt. Auch wenn sie mit einem scharfen Verstand gesegnet sind, folgen sie bei allen wichtigen Entscheidungen nur dem Befehl ihres Herzens. Ihr gut entwickelter Instinkt sagt ihnen, was für sie gut und was für sie schlecht ist. Sie sind großen Stimmungsschwankungen unterworfen. Eben noch geben sie sich heiter, um dann plötzlich – ohne erkennbaren Anlaß – in lähmende Traurigkeit zu versinken. Dieses schwer zu kontrollierende Gefühlsleben führt rasch zu ausgeprägten Lebensängsten. Diese Personen streben nie Führungspositionen an, sondern bleiben brav und unauffällig im zweiten Glied. In ihrer Wankelmütigkeit erhoffen sie sich von der Gesellschaft Schutz und Halt und werden meistens in dieser Hoffnung schwer enttäuscht.

Die Typen

Einer der neueren und zugleich interessantesten Versuche, die Menschen nach ganz bestimmten Charaktermerkmalen in verschiedene Gruppen einzuteilen, stammt von dem Schweizer Psychologen C. G. Jung. Seine Funktionstypologie ist so etwas wie ein Grobraster, das uns helfen kann, uns ein genaues Bild von den Mitmenschen zu machen.

Jung wählte den Begriff „Funktionstypologie", weil nach seiner Lehre die Seele des Menschen aus vier Grundfunktionen besteht – aus Denken, Fühlen, Empfinden und Intuieren (ahnendes Erfassen ohne nachzudenken). Je nach Gewichtung setzt sich aus diesen Grundfunktionen die Persönlichkeit eines Individuums zusammen.

Außerdem unterschied Jung zwischen nach außen (extravertiert) gerichteten und nach innen gewendeten (introvertierten) Charakteren. Zwar gibt es in jedem Leben einen ständigen Wechsel zwischen extravertiertem und introvertiertem Verhalten, aber eine der beiden Einstellungen ist immer für die Prägung der Persönlichkeit entscheidend.

Der extravertierte Mensch steht seiner Umwelt offen gegenüber, nimmt Anteil und wirkt aktiv mit. Seine Grundstimmung ist heiter und problemlos. Man findet ihn überall dort, wo Trubel herrscht. Das analytische Durchdenken abstrakter Vorgänge ist nicht seine Stärke.

Der introvertierte Mensch kapselt sich von seiner Umwelt ab, die ihm feindlich und fremd erscheint. So hat er immer große Schwierigkeiten, sich in Gemeinschaften einzufügen. Er neigt zu Grübeleien und zu gründlichen Überlegungen, wobei er an einmal gewonnenen Erkenntnissen mit großem Starrsinn festhält, weil er von der Richtigkeit seiner Ideen und auch seines Handelns felsenfest überzeugt ist.

Wenn extravertierte und introvertierte Menschen aufeinandertreffen, sind die Schwierigkeiten meistens bereits programmiert, weil eine Verständigung zwischen den beiden grundverschiedenen Typen nur schwer möglich ist.

Die beiden genannten Gruppen unterteilte Jung wiederum in die vier Funktionen Denken, Fühlen, Empfinden und Intuieren. Dabei kam er zu der Erkenntnis, daß es rationale Typen (zum Beispiel den extravertierten oder introvertierten Denktyp oder den extravertierten und den introvertierten Fühltyp) gibt, die über ein gut fundiertes Urteilsvermögen verfügen, während sich die irrationalen Typen (Empfindungs- und Intuitionstyp) bei ihrem Urteil lediglich auf ihre ganz persönlichen Wahrnehmungen verlassen.

Die Sterne lügen nicht

Viele Leute fragen schon bei der ersten Begegnung: „Welches Sternbild sind Sie?“ Sie ziehen aus diesen Angaben bestimmte Rückschlüsse auf den Charakter, und wenn sich später die Bekanntschaft vertieft hat, sagen sie: „Sie sind ein typischer Fisch“, oder: „Kein Wunder, daß Sie sich so verhalten, denn Sie sind ja Skorpion.“

Obwohl die Astrologie den Beweis für einen Zusammenhang zwischen dem Stand der Sterne zum Zeitpunkt der Geburt und den Charaktermerkmalen eines Menschen bis heute schuldig geblieben ist, lehrt die Erfahrung, daß sich die zwölf Sternzeichen durch für sie ganz typische Wesensmerkmale unterscheiden.

So kann die Frage nach dem Sternzeichen tatsächlich helfen, sich ein Bild von einem neuen Bekannten zu machen. Doch bei den Charaktermerkmalen, die dem Sternzeichen zugeordnet werden, handelt es sich immer nur um eine sehr grobe Einteilung, die unter anderem den Einfluß der Umwelt und der Erziehung, die jemand genossen hat, völlig außer acht läßt.

So überwiegen – um nur zwei Beispiele zu nennen – bei dem Schützen die für dieses Sternbild ganz typischen positiven Eigenschaften, die Warmherzigkeit, Toleranz und Klugheit, während bei dem anderen die negativen

Wesenszüge dominieren: Überheblichkeit, Aggressivität und Eitelkeit. Und das gilt für die übrigen elf Sternzeichen ebenso.

Einigen wir uns also auf folgende Formel: Die Sterne können bei der Charakteranalyse gewisse Anhaltspunkte liefern – nicht mehr und nicht weniger.

Schütze (23.11.–21.12.):
Wo immer auch der Schütze erscheint, stets steht er schnell im Mittelpunkt. Redegewandt und scharfsinnig vertreten die Schützen ihre Ansichten und scheuen auch nicht vor einem Streit zurück, wenn man ihnen widerspricht. Der Schütze hat einen ausgeprägten Wohltätigkeitssinn und setzt sich gerne für Benachteiligte ein. Geistige Arbeit liegt ihm mehr als praktische Tätigkeiten. Immer denkt der im Sternzeichen des Schützen Geborene in großen Zusammenhängen und kümmert sich ungern um irgendwelche Nebensächlichkeiten, was ihm manchmal den Vorwurf einbringt, oberflächlich zu sein. Dabei arbeitet sein Gehirn ständig auf Hochtouren. Aus der geistigen Regsamkeit bezieht der Schütze sein erstaunliches Selbstbewußtsein. Wache Intelligenz macht vor allem den besonderen Reiz der Schütze-Frauen aus, die schon gleichberechtigt waren, als ihre anderen Geschlechtsgenossinnen noch gar nicht an Emanzipation dachten. Der Schütze strebt Führungspositionen an und reagiert cholerisch, wenn sich ihm Hindernisse in den Weg stellen. Wer den Schützen zum Freund hat, lernt einen humorvollen, hilfsbereiten, mitfühlenden Partner kennen. Vor allem Schwächeren gegenüber zeigt er sich warmherzig und großzügig. Bei

dummen Leuten verliert er allerdings schnell die Fassung und wird verletzend. Eine seiner Schwächen ist der Hang zum Aberglauben.

Widder (21. 3.–20. 4.):
Widder sind die geborenen Macher, kämpferische Führungsnaturen, die gerne Dinge planen und dann tatkräftig verwirklichen. Dabei helfen ihnen ihr eiserner Wille, ihr ausgeprägter Ordnungssinn und das Gefühl für Disziplin. Manchmal neigen sie allerdings dazu, ihre eigenen Kräfte zu überschätzen und werden dann rasch ungeduldig.

Für Ihre Anstrengungen wollen sie gebührend belohnt werden – nicht nur mit schönen Worten, sondern auch mit materiellen Werten. Der Tatendrang, der sich auch auf private Dinge wie die Liebe ausdehnt, macht den Umgang mit den im Sternzeichen des Widder geborenen Menschen nicht einfach. Zwar lassen sie auch andere Argumente gelten; aber wenn sie von der Richtigkeit ihrer Meinung überzeugt sind, beharren sie stur und eigensinnig auf ihrem Standpunkt. Listige Winkelzüge und Heimtücke sind ihnen völlig fremd. Der Widder nimmt kein Blatt vor den Mund und hält mit seiner Meinung nicht hinter dem Berg zurück. Leicht gerät er in den Verdacht, kein allzu tiefes Seelenleben zu haben und unnahbar zu sein. Doch damit tut man ihm unrecht; denn er offenbart sich nur aus Rücksichtnahme ungerne, weil er andere Menschen nicht mit seinem Gefühlsleben belästigen will.

Löwe (23.7.–23.8.):
Wegen ihrer starken Ausstrahlung genießen die Löwen großes gesellschaftliches Ansehen. Das gilt vor allem für die meist sehr weiblich veranlagte Löwe-Frau. Hinter der zur Schau gestellten heiteren Gelassenheit der Löwe-Geborenen verbirgt sich der Hang, andere zu beherrschen. Hat sich der Löwe eine Meinung gebildet, dann läßt er sich nur schwer wieder davon abbringen, so daß er immer wieder als stur beschrieben wird. Er ist von seinen eigenen Fähigkeiten überzeugt und mißtraut seinen Mitmenschen. So ist er als Vorgesetzter ein unbestechlicher Kontrolleur, dem kein Fehler entgeht. Nichts ist dem freiheitsliebenden Löwen fremder als Halbherzigkeit. Er lobt und tadelt mit der gleichen Leidenschaft. Wer sich ihm nicht in den Weg stellt, findet im Löwen einen guten Partner. Was sich nicht mit seinem Ehrgefühl verträgt, macht ihn wütend.

Steinbock (22.12.–30.1.):
Der Steinbock gehört zu den Stillen, Bescheidenen im Land. Zielstrebig geht der Steinbock seinen Weg; er schafft sich materielle Werte, die ihm ein Gefühl von Sicherheit verleihen, das für ihn lebenswichtig ist. So sind Steinbock-Geborene gute Geschäftsleute mit einem ausgeprägten Sinn für den Wert des Geldes. Zwar ist der Steinbock kontaktfreudig und liebenswürdig, aber er läßt sich nur ungern in die Karten blicken. Er schließt nur zögernd neue Freundschaften, die dann allerdings besonders haltbar und intensiv sind. Seine Anpassungsfähigkeit wird manchmal mit Charakterlosigkeit verwechselt.

Stier (21.4.–20.5.):
Der redselige Stier ist gesellig, großzügig und kontaktfreudig. Er ist ein guter Gastgeber. Dazu braucht er Geld, das er gerne ausgibt, um sich ein schönes Leben zu machen. Wer sich richtig auf ihn einstellt, kann mit ihm Pferde stehlen. Doch wehe, der Stier wird gereizt, dann erweist er sich als unberechenbar und jähzornig. Bei der Arbeit ist der Stier robust, äußerst belastungsfähig und verfügt über einen ausgeprägten Sinn für das Praktische. Ratschläge anderer nimmt er nur ungern an; denn er muß seine eigenen Erfahrungen machen – auch wenn sie negativ ausfallen.

Jungfrau (24.8.–23.9.):
Verbindliches Auftreten ist der auffälligste Wesenszug der Jungfrau. Sie gilt als vertrauenswürdig, strebsam und pflichtbewußt. Diese Eigenschaften helfen ihr bei der Ansammlung materieller Güter, die für sie einen hohen Stellenwert haben. Das Geld verleiht ihr Ansehen, Macht und Würde, die die Jungfrau besonders schätzt. Jungfrauen geraten rasch in den Ruf, habgierig und materialistisch veranlagt zu sein. Ängstlich sind Jungfrau-Geborene darum bemüht, ihr Licht unter den Scheffel zu stellen und ständig zu untertreiben. Oft entdeckt man erst nach einer langen Beziehung, welche Qualitäten diese Menschen wirklich haben. Wer sich ihnen anvertraut, kann sich völlig sicher fühlen. Nie würde eine Jungfrau ein unkalkulierbares Risiko eingehen. Manchmal kann die Angst vor den Unwägbarkeiten des Lebens zur Zaghaftigkeit führen.

Wassermann (21. 1.–20. 2.):
Setze einen Wassermann in der Wüste aus, und er wird nicht verzweifeln, sondern sich sofort auf die Suche nach der nächsten Oase machen – und sie mit Sicherheit finden. Ideenreichtum, Vielseitigkeit und ein gesunder Menschenverstand zeichnen die Menschen aus, die im Sternzeichen des Wassermannes geboren sind. Die erstaunliche Tatkraft des Wassermanns und sein auf die Gegenwart ausgerichtetes Denken bringen ihm manchmal den Vorwurf ein, oberflächlich zu sein. Dabei bewährt sich seine noble Gesinnung vor allem in Krisenzeiten, in denen er schnell über sich selbst hinauswächst. Der Wassermann braucht Gesellschaft, redet gern, wobei er kein Blatt vor den Mund nimmt, so daß er hin und wieder auch verletzend wirkt, ohne es zu wollen. Mit feinem Gespür stellt er sich auf neue Umgebungen ein und versteht es, sich ins rechte Licht zu rücken. Manchmal neigt er zu Angebereien und zur Selbsttäuschung.

Zwillinge (21. 5.–21. 6.):
Zwillinge werden von ihren Mitmenschen wegen ihrer Aufrichtigkeit und Toleranz, wegen ihrer Klugheit und ihres Humors geschätzt. Sie sind gute Gesellschafter; aber sie ziehen sich sofort zurück, wenn sie den Verdacht haben, daß sich gesellschaftliche Kontakte zu Zwängen auswachsen; denn der Zwilling liebt die Freiheit, die er zur Selbstentfaltung braucht. Was den Umgang mit ihm schwer macht, sind die auffälligen Gemütsschwankungen. Heiterkeit und Depressionen, Leichtsinn und Begeisterungsfähigkeit wohnen in diesen Menschen

nahe beieinander. Hinzu kommt eine gewisse Flatterhaftigkeit. Zwillinge fangen tausend Sachen an und führen nur wenige zu Ende. Werden sie ein paarmal entmutigt, dann schmeißen sie die Flinte sofort ins Korn und brauchen in solchen Momenten eine starke Hand, die sie auffängt.

Waage (24.9.–23.10.):
Waage-Menschen haben viele positive Eigenschaften. Sie sind hilfsbereit, tolerant, verständnisvoll und liebenswert. Ihre geistige Überlegenheit verleiht ihnen ein erstaunliches Selbstbewußtsein. Mit spielerischer Leichtigkeit bewältigen sie den Alltag. Doch diese Leichtigkeit kann auch zum Leichtsinn und zur Unzuverlässigkeit führen. Hinzu kommt ein Hang zur Bequemlichkeit und zur sentimentalen Weichheit.

Fische (20.2.–20.3.):
Fische-Menschen zeichnen sich durch große Empfindsamkeit, viel Phantasie und ein äußerst kompliziertes Innenleben aus. Sie neigen zu innerer Unruhe, Zwiespältigkeit und Launenhaftigkeit. Da sie von Natur aus hilfsbereit sind, schlüpfen sie gerne in die Rolle des Seelentrösters, der für alle Schwächen Verständnis hat. Bei solchen Gelegenheiten erzählen sie gerne von sich selbst und laufen leicht Gefahr, sich selbst zu überschätzen. Mit ihrem humorvollen Auftreten wollen Fische-Menschen häufig darüber hinwegtäuschen, daß sie von Selbstzweifeln und Ängsten gepeinigt werden. Weil sie die Schattenseiten ihrer Seele nur schwer in den Griff bekommen, flüchten sie sich gerne in gefähr-

liche Scheinwelten – oft mit Hilfe von Drogen und alkoholischen Getränken.

Krebs (22. 6.–22. 7.):
Krebse stehen mit beiden Beinen auf dem Boden der Tatsachen, planen in aller Stille ihr Leben und finden meistens mit traumhafter Sicherheit den Weg des geringsten Widerstands, wobei sie ihre Umwelt mit ihrem Charme schnell für sich gewinnen. Diese Haltung bringt dem Krebs häufig den Ruf ein, liebedienerisch zu sein. Dem Krebs liegt es nicht, sich in der Öffentlichkeit zu produzieren. Wohl fühlt er sich nur, wenn er sich auf überschaubaren Bahnen und im häuslichen Rahmen bewegt. Für seine Angehörigen und engsten Freunde opfert er sich auf. Und wehe, jemand versucht, in diesen geschlossenen Kreis einzudringen und Unfrieden zu stiften. Dann sieht der Krebs rot und verwandelt sich in eine Kämpfernatur. Auf der anderen Seite ist er sehr anfällig für Schmeicheleien und reagiert beleidigt, wenn das erwartete Lob ausbleibt. Praktische Tätigkeiten liegen ihm mehr als abstraktes Denken.

Skorpion (24. 10.–22. 11.):
Hinter der Maske der Unnahbarkeit, die der Skorpion gerne zur Schau stellt, verbirgt sich oft ein sensibler, hilfsbereiter Mensch, der die Distanz als Selbstschutz braucht. Mit scharfen, geistreichen, aber auch verletzenden Bemerkungen hält er diesen Abstand zu den Mitmenschen aufrecht. So wird er oft als bösartig und kalt beurteilt. Doch wem es gelingt, die selbsterrichtete Mauer zu durchbrechen, lernt einen klugen, verantwor-

tungsbewußten Menschen kennen. Einfach ist der Umgang mit Skorpionen allerdings nicht. Dafür sorgt schon das komplizierte Seelenleben. Der Skorpion muß ständig irgendwelche Probleme lösen und sieht Schwierigkeiten, wo in Wirklichkeit keine vorhanden sind.

Träume – Schlüssel zur Seele

Träume sind keine Schäume, sondern Botschaften aus dem Unterbewußten, die von unseren Ängsten, Nöten und Sehnsüchten erzählen. So sieht auch die moderne Tiefenpsychologie in der bunten, bizarren Bilderwelt, die uns im Schlaf erscheint, eine gute Möglichkeit, die Geheimnisse der Seele zu entschlüsseln.

Träume sind lebenswichtig; denn sie sorgen für die Aufrechterhaltung des seelischen Gleichgewichts. Wissenschaftliche Versuche haben ergeben: Wer über einen längeren Zeitraum hinweg zum Beispiel mit halluzinationshemmenden Medikamenten am Träumen – wohlgemerkt am Träumen, nicht am Schlafen – gehindert wird, reagiert auf den Entzug mit Bewußtseinsstörungen, Wahnvorstellungen, Depressionen und zuletzt mit einem völligen Zusammenbruch.

Unser Schlaf setzt sich aus längeren traumlosen Tiefschlaf- und mehreren kurzen Traumphasen zusammen, die mit reger Hirntätigkeit, erhöhtem Blutdruck und vor allem mit einer starken Aktivität der Augenäpfel verbunden sind, die hinter den geschlossenen Lidern hin- und herrollen.

Wer schläft, träumt auch; aber oft haben wir den Inhalt unserer Träume beim Erwachen vergessen oder verdrängt. Sigmund Freud, der Vater der modernen Traumforschung, ging davon aus, daß dieser Verdrängungsmechanismus eine Art Zensur darstellt, durch die alle unangenehmen Träume, die sich nicht mit der eigenen Moralvorstellung vereinbaren lassen, sofort ausgelöscht werden.

Im Traum werden die Wahrnehmungen des Tages, ganz bestimmte Reize, flüchtige Gedanken und Sehnsüchte, aber auch längst Vergessenes aus der Vergangenheit nach eigenen Gesetzen dramatisiert und zu einer bunten, symbolträchtigen Szenenfolge zusammengesetzt. Der Traum kann uns auch für das entschädigen, was uns in der Wirklichkeit vorenthalten bleibt. Er kann uns während des ganzen folgenden Tages fröhlich, aber auch niedergeschlagen und nachdenklich stimmen. Er gibt uns viele Rätsel auf und beschert uns verblüffende Lösungsvorschläge für unsere Probleme.

Bereits in der Antike haben die Menschen versucht, die geheimnisvollen Trauminhalte und -symbole zu enträtseln. Vor allem suchte man in ihnen irgendwelche Hinweise auf zukünftige Ereignisse und sah in dem Traumgeschehen eine Art Orakel.

Auch die moderne Traumforschung bestreitet nicht, daß es prophetische Träume gibt, die auf die zukünftige seelische Entwicklung des Träumers hinweisen oder vor ihr warnen wollen.

Wer glaubt, Traumdeutung allein anhand eines Katalogs der gängigen Traumsymbole betreiben zu können – von A wie Abgrund (Gefahrensignal) bis Z wie Zylinder (bevorstehende Hochzeit) macht sich die Aufgabe allzu leicht und zieht aus der Interpretation der Träume keinen praktischen Nutzen.

Außerdem wird man sehr schnell feststellen, daß die einzelnen Traumdeutungsexperten für jedes Symbol völlig unterschiedliche Erklärungen bereithalten. Natürlich gibt es ganz bestimmte, immer wieder auftauchende archetypische Traumsymbole, deren Aussagekraft ein zusätzlicher Schlüssel zum besseren Verständnis des Trauminhalts darstellt.

In diesem Kapitel wollen wir uns damit beschäftigen, wie man durch die Deutung der eigenen Träume zu mehr Selbsterkenntnis gelangen kann. Freilich kann man auch versuchen, die Träume anderer zu enträtseln, aber dabei stößt man sehr rasch auf viele Schwierigkeiten. Denn der Traum ist immer eng mit der Persönlichkeit des Träumers verbunden, von dem man schon sehr viel wissen muß, um seinen individuellen Traum richtig zu verstehen. Eine andere große Schwierigkeit ist die Tatsache, daß sich Träume kaum wahrheitsgemäß schildern lassen. Denn während wir uns zu erinnern versuchen, wird sofort unser auf Logik getrimmter Verstand wach, der die Bilderfolge nach eigenen logischen Vorstellungen ordnet und damit verfälscht. Außerdem geraten sogar wortgewandte Schriftsteller rasch an die Grenzen ihrer Ausdrucksfähigkeit, wenn sie genau schildern sollen, was sie im Traum erlebt haben. Sie bekennen dann: „Das läßt sich überhaupt nicht in Worte kleiden."

Die Erfahrung hat aber gezeigt, daß Leute, die durch die Deutung ihrer Träume zu mehr Selbsterkenntnis gekommen sind, auch mehr Verständnis für ihre Mitmenschen aufbringen. Auf diesem Umweg bietet die Traumdeutung die große Chance, die eigene Menschenkenntnis zu vertiefen. Vor allem gewinnen wir dabei mehr Verständnis für die ungeheure Kraft des Unterbewußten, das nun einmal einen großen Teil der Persönlichkeit ausmacht.

Wer sich mit seinen Träumen beschäftigen will, muß der Vergeßlichkeit und der moralischen Zensur vorgreifen und die Bildfolge gleich nach dem Erwachen möglichst wahrheitsgemäß niederschreiben oder einem Tonband anvertrauen. Am frischesten sind die Erinnerungen, wenn man nachts nach der Traumphase aufwacht. Dann sollte man ein kurzes Traum-Stenogramm anfertigen, bevor man wieder einschläft. Halten Sie bei dieser Gelegenheit auch unbedingt fest, wie Sie sich während des Traums gefühlt haben, ob Sie gelassen waren oder ob Sie Angst hatten; denn auch diese Gefühle sind für das richtige Verständnis sehr wichtig.

Ganz bestimmte Traumbilder tauchen in unterschiedlichsten Varianten immer wieder auf. Sie sollen hier mit dem Versuch einer Deutung geschildert werden. (Alle auszugsweise wiedergegebenen Träume sind Originalschilderungen, die dem Verfasser mit ausdrücklicher Veröffentlichungsgenehmigung zugeschickt wurden, als eine große deutsche Zeitschriftenredaktion ihre Leser zu einer Traumdeutungsaktion eingeladen hatte.)

Der sexuelle Traum

Eine zweiunddreißigjährige Ehefrau berichtete: „Im Traum bin ich ganz allein in unserem sorgfältig verschlossenen Schlafzimmer. Plötzlich wird die Türe von außen mit Gewalt aufgebrochen. Ein breitschultriger, muskulöser Mann, der eine schwarze Maske trägt, stürzt sich auf mich und bedroht mich mit einem langen Messer, er zwingt mich, eine schmale Leiter zu besteigen, die von unserem Schlafzimmer auf den Dachboden führt. Während er mir folgt, schiebt er mein Nachthemd nach oben und dringt von hinten in mich ein. In meiner Verzweiflung werfe ich einen letzten Blick aus dem Fenster und sehe draußen im Garten meinen Mann, der zielstrebig mit einer Art Stange im Erdboden Furchen zieht.

Der Fußboden des dunklen Dachzimmers, in das mich der Unbekannte treibt, besteht nur aus ein paar dünnen Balken. Dazwischen gähnt der Abgrund. Der Unbekannte nimmt mich im Stehen mit ungeheurer Gewalt, so daß ich Angst habe, durch die Wucht seines Körpers das Gleichgewicht zu verlieren. In meiner Panik greife ich nach einem Seil, das über meinem Kopf schwebt. Aber dann sehe ich, wie das Seil ganz langsam reißt. Ich stürze in die Tiefe, in der es plötzlich ganz hell wird – so als würde ich der Sonne entgegenfliegen."

Für Freud verbarg sich hinter fast jedem Traum ein uneingestandener Sexualwunsch, und tatsächlich spielt die Triebsphäre des Menschen in den Träumen eine wichtige Rolle, wenn auch nicht die bedeutende, die ihr der Vater der modernen Traumforschung zugewiesen hat.

Grundsätzlich sind sexuelle Träume von der realen Triebstärke des Träumers abhängig und häufen sich, wenn das natürliche Bedürfnis in der Realität nicht ausreichend befriedigt wird. Männer und Frauen mit einem ausgefüllten, harmonischen Liebesleben träumen nur selten „sündige" Träume.

Außerdem sollten sich alle, die über ihre eigenen erotischen Träume erstaunt sind und sich ihrer schämen, vor

Augen halten: Man träumt nur das, was schon in einem schlummert – oft tief verborgen in den untersten Schichten des Unbewußten. Der Traum erfindet keine neuen Probleme. Er stellt nur die bereits vorhandenen auf seine Weise dar.

Versuchen wir, unter diesem Aspekt den oben geschilderten Traum zu analysieren, von dem die Träumerin selber sagt, er habe sie sehr entsetzt, weil sie es nie fertigbringen würde, ihren Mann zu betrügen – selbst nicht unter Gewaltandrohung. Sie schrieb, sie führe mit ihrem mehr als fünfzehn Jahre älteren Ehemann, den sie wegen seiner Klugheit und seiner beruflichen Erfolge besonders schätze, seit vielen Jahren eine glückliche Partnerschaft, habe allerdings seit einiger Zeit das Gefühl der inneren Unzufriedenheit. Das führte die Träumerin auf die Tatsache zurück, daß ihr einziges Kind in einem Internat untergebracht war, so daß sie sich als Mutter und Hausfrau unausgefüllt fühlte. Mit erstaunlicher Klarheit weist der Traum auf den wahren Ursprung der Unzufriedenheit hin und macht den Konflikt der Frau deutlich: Grundsätzlich leidet sie darunter, daß ihr sexueller Trieb nicht ausreichend befriedigt wird. Das liegt in erster Linie an ihrer eigenen Einstellung zur Sexualität. Sie hat Angst, die Selbstkontrolle zu verlieren, von der körperlichen Liebe und dem Partner total abhängig zu werden. Wahrscheinlich wird diese Haltung noch durch den eher sachlich veranlagten Partner verstärkt.

Der Analverkehr auf der Leiter, eine besonders animalische Form des Liebesaktes, ist Ausdruck der unbefriedigten Intimwünsche. Oben auf dem schmalen Balken angekommen, hat die Frau Angst, durch die Wucht des männlichen Körpers abzustürzen, greift in ihrer Not nach einer Leine, sucht also Halt. Hier wird die Angst vor dem Verlust der Selbstkontrolle sehr deutlich.

Der Traum bedeutet nicht etwa, daß die Frau mit einem Ehebruch liebäugelt und vorhat, sich außerhalb der Partnerschaft „schadlos" zu halten. Das wäre auch angesichts der engen Bindung an den Ehemann keine Lösung des Problems. Nein, sie wünscht sich, mit ihm zusammen den Gipfel der Lust zu besteigen. Darum ist der Vergewaltiger im Traum auch gesichtslos, maskiert und verkörpert nur das andere Geschlecht, aber keine bestimmte Person. Das Messer, das der Fremde drohend auf das Opfer richtet, ist einerseits ein phallisches Symbol (Gliedersatz), andererseits aber auch eine Aufforderung, sich von dem bisherigen Lebensstil zu trennen, diesen Teil sozusagen abzuschneiden.

Aufschlußreich ist auch, daß der Ehemann im Garten mit einer Stange Furchen zieht. Diese Tätigkeit gilt in der Traumforschung als Hinweis auf gegenseitige geistige Befruchtung. Im geheimen möchte die Ehefrau ihren Mann beflügeln, damit er zusammen mit ihr zu neuen Erlebnissphären aufsteigt. Der Traum zeigt auch, daß das Sichfallenlassen, also die bedingungslose Hingabe, der einzige richtige Weg ist; denn die Träumerin stürzt nicht etwa – wie anfangs befürchtet – in die dunkle Tiefe, sondern fällt dem Licht entgegen.

In meinem Antwortschreiben habe ich übrigens der Ehefrau geraten, ihrem Mann den Traum anzuvertrauen und dieses Gespräch zum Anlaß nehmen, über das eigene Sexualverhalten kritisch nachzudenken. Den

Ausweg aus dem Konflikt hat das Unterbewußtsein ja bereits im Traum aufgezeigt.

Schwerer zu deuten ist der Traum eines jungen Mannes, in dem es ebenfalls um das Thema „Sexualität" geht und der einige Symbole enthält, die immer wieder auftauchen:

„Ich sitze vor dem Haus meiner Eltern, die beide bereits verstorben sind, und meine Mutter serviert mir Pflaumenmus. Obwohl ich genau weiß, daß mir diese Speise nicht bekommt, lange ich tüchtig zu. Auf dem Heimweg gelange ich an eine schmale Brücke, die über einen tiefen Abgrund führt. Am anderen Ende der Brücke steht eine bildschöne junge Frau, die völlig nackt ist. Sie winkt mir freundlich zu, so daß ich mich zu ihr hingezogen fühle.

Vorsichtig betrete ich die schwankende Brückenkonstruktion, und als ich etwa auf der Mitte bin, schwenkt die ganze Brücke plötzlich zur Seite, neigt sich, so daß ich in ein tiefes, schwarzes Loch stürze. Aus der Ferne höre ich die Stimme der Nackten, die mir zuruft: Warum hast du auch soviel Pflaumenmus gegessen? Obwohl ich über diesen Traum immer wieder nachgedacht habe, fand ich dafür keine Erklärung."

Auf den ersten Blick ist lediglich das Auftreten der nackten Frau am anderen Ende der Brücke ein Hinweis darauf, daß es sich hier um einen stark sexuell gefärbten Traum handelt. Dieser Eindruck verstärkt sich erst, wenn man die einzelnen Details der bunten Bilder näher betrachtet.

Pflaumen gelten nicht nur im Volksmund, sondern auch in der Traumdeutung als weibliches Sexualsymbol.

Der Träumer ißt von dem Pflaumenmus, obwohl er weiß, daß ihm diese Speise nicht bekommt. Aufschlußreich ist auch, daß ihm das Essen im Elternhaus gereicht wird. Das läßt den Rückschluß zu, daß der junge Mann zu Hause eine sehr strenge, sexfeindliche Erziehung genossen hat, die er jetzt unwillkürlich als starke Belastung empfindet. Der Traum will ihn ermutigen, über die Brücke zu neuen Ufern zu gehen und sich angstlos dem anderen Geschlecht zuzuwenden. Aber zugleich wird dem Träumer klargemacht, daß ihm ein schwerer Weg bevorsteht, wenn er sich von den Einflüssen der Eltern freimachen will. Auch wenn die Brücke am Ende einstürzt, ist sie ein positives Symbol, das Hoffnung verheißt. Gut ist es auch, daß der junge Mann die nackte Frau angstfrei betrachten kann und daß er sich zu ihr hingezogen fühlt. Das alles läßt hoffen, daß er künftig sein sexuelles Verhalten verändern wird – vorausgesetzt, er nimmt die Botschaft seines Traumes ernst.

In diesem Fall wurde die Aussage mehr oder weniger verschlüsselt in Form symbolhaltiger Bilder vermittelt. Auf der anderen Seite müssen eindeutige Sexszenen im Traum nicht unbedingt ein Hinweis auf erotische Wunschvorstellungen darstellen.

Ein achtundvierzigjähriger Angestellter schrieb: „Es fällt mir nicht leicht, diesen Traum zu schildern, den ich seit einiger Zeit immer wieder träume. Meine achtzehnjährige Tochter, die vor einem Jahr nach einem heftigen Streit das Elternhaus verlassen hat, kommt zu mir in den Garten, wo ich gerade den Rasen mähe. Sie sieht mich so merkwürdig an und beginnt dann, sich zu entkleiden. Ich sehe, daß sie inzwischen zu einer reifen, gut entwickelten

Frau herangewachsen ist. Der Anblick ihres nackten Körpers gefällt mir sehr. Stumm legt sich meine Tochter auf den Rasen und fordert mich mit eindeutigen Gesten zum Intimverkehr auf. Obwohl ich weiß, daß ich eine Sünde begehe, lasse ich mich mit meinem eigenen Kind ein. Wir umklammern uns leidenschaftlich, und ich genieße diesen Augenblick sehr. Am nächsten Morgen beim Erwachen wäre ich allerdings am liebsten vor Scham im Erdboden versunken. Kann dieser Traum etwas damit zu tun haben, daß ich mir große Sorgen mache, meine Tochter könne in der Großstadt in der Gosse landen?"

Natürlich kann es gut sein, daß auch die heimlichen Sorgen des Vaters in diesen Traum mit eingeflossen sind. Aber in erster Linie handelt es sich um eine Aufforderung, sich verstärkt der „verlorenen" Tochter zuzuwenden und ihre Nähe zu suchen. Der Traum drückt das mit dem Bild der leidenschaftlichen Umarmung aus.

Es ist sicherlich auch kein Zufall, daß die Inzestszene im Garten stattfindet, der so etwas wie der Ort des Blühens und des Gedeihens darstellt. Damit wird erklärt, daß es hier um ganz vitale Interessen des Träumers geht. Wahrscheinlich leidet er viel mehr unter der Trennung von seinem Kind, als er es sich eingestehen will.

Zu den Träumen mit sexuellem Hintergrund zählt auch dieser Traum einer älteren Frau, ein Traum, den in abgeänderter Form auch andere Menschen kennen.

Die Träumerin schreibt: „Ich habe mich für einen großen Ball besonders sorgfältig zurechtgemacht und sehr hübsch angezogen. Als ich mit meinem neuen Kleid vor meinen Mann hintrete, bekommt er glänzende Augen und küßt mich zärtlich. Er macht mir Komplimente und sagt, niemand würde mir ansehen, daß ich bereits Urgroßmutter bin, was in Wirklichkeit gar nicht stimmt. Die zärtlichen Küsse meines Mannes erregen mich auf eine seltsame Weise.

Beschwingt und stolz betrete ich später den Ballsaal und werde sofort von einem jungen Mann zum Tanz aufgefordert. Während ich noch in seinen Armen liege, fällt mein Blick zufällig in einen großen Wandspiegel. Ich erstarre; denn ich habe inzwischen mein schönes Kleid verloren und bin völlig nackt. Aber mein Tanzpartner tut so, als würde er das gar nicht bemerken. Ich reiße mich los, renne zu der Gastgeberin und bitte sie, mir etwas zum Überziehen zu leihen. Aber sie lächelt nur und meint, das sei nicht nötig. Sie behauptet, ich sei völlig korrekt gekleidet."

Träume von Kleidungsstücken haben immer etwas mit dem Schamgefühl zu tun. Wer sich im Traum plötzlich nackt sieht, hat Angst vor peinlicher Bloßstellung. In diesem Fall verspürt die Frau starke Sehnsucht nach körperlicher Liebe, wobei es ihr auch um die psychische Funktion der Sexualität geht, aber sie mag sich dieses Bedürfnis wegen ihres fortgeschrittenen Alters nicht eingestehen. So wird sie im Traum sogar als „Urgroßmutter" bezeichnet. Das Unterbewußte belehrt sie aber, daß alle ihre Befürchtungen, die Würde zu verlieren, völlig unbegründet sind. Der Tanzpartner und die Gastgeberin bleiben in der von der Träumerin als peinlich empfundenen Situation kuhl und gelassen.

Träume, in denen Kleidungsstücke eine wichtige Rolle spielen, geben oft auch Auskunft über das gesellschaftliche Verhalten des Träumers. Ungewöhnliche Wünsche – das bezieht sich nicht nur auf sexuelle Bedürfnisse – werden im Traum häufig unter zu weiten Kleidern verstärkt. Fallen sie dann plötzlich ab oder ziehen sie sich auf eine normale Größe zusammen, dann handelt es sich dabei um eine Aufforderung, sich nicht länger dieser Bedürfnisse zu schämen.

Ungewöhnliche Verzierungen an Kleidungsstücken, wie zum Beispiel große Schleifen, die vom Träumer selbst als lächerlich empfunden werden, weisen darauf hin, daß er sich seiner sexuellen Andersartigkeit bewußt ist und darunter leidet.

Auffällige Bekleidung, wie zum Beispiel ein buntes Clownskostüm, symbolisiert den Wunsch, aus dem Alltag auszubrechen. Fühlt sich der Träumer in den Kleidern wohl, dann will ihn das Unterbewußte ermuntern, eine Änderung seines Lebens herbeizuführen.

Männer, die in Frauenkleidern durch die Träume wandern, sehnen sich danach, ihre unterdrückten Gefühle mehr ausleben zu dürfen. Umgekehrt wird Frauen in Männerkleidung klargemacht, daß sie bei Entscheidungen verstärkt auf ihren Verstand zurückgreifen sollen.

Einen besonderen Stellenwert hat der sexuell gefärbte Alptraum, der häufig beobachtet wird, wenn der Mensch in eine neue Lebensphase eintritt, die mit körperlichen Veränderungen verbunden ist – in die Pubertät zum Beispiel oder in die Wechseljahre. Häufen sich diese Alpträume, dann ist das immer ein ernstzunehmender Hinweis auf eine sich anbahnende Krise, die durch die nicht verkrafteten Ängste vor der Sexualität ausgelöst wird.

Fassen wir an dieser Stelle zusammen: Mehr noch als

alle anderen Träume beziehen sich sexuelle Trauminhalte auf die ganze persönliche Lebenssituation des Träumers. Sie sind entweder ein Hinweis auf die unzureichende Triebbefriedigung – so beobachten Menschen, die aus irgendeinem Grund daran gehindert werden, sich sexuell zu betätigen, eine Häufung erotischer Träume – oder weisen auf unterschwellige sexuelle Konflikte hin, wobei der Begriff „Sex" auch die psychische, schöpferische Funktion der Liebe umfaßt. Es geht also nicht nur um die animalische Triebbefriedigung. Oft sind diese Träume als Aufforderung zu verstehen, die intime Nähe anderer Menschen zu suchen.

Um die Konflikte, aber auch die Lösungen, die das Unterbewußte bereithält, zu erklären, bedient sich vor allem der sexuell gefärbte Traum vieler Symbole, die oft im Volksglauben ähnliche Aussagewerte haben. Die häufigsten Symbole auf diesem Sektor sind:

Affe =	die animalische Seite einer erotischen Beziehung zu einem Mann; oft auch die Aufforderung, die Partnerschaft mit mehr Leidenschaft und Gefühl anzureichern
Apfel =	Verführung
Banane =	männliches Geschlechtsorgan
Dirne =	Ausbruch aus moralischen Fesseln, Sexualität ohne jede Verantwortung, aber auch Gefühlskälte
Erdbeere =	Hinweis auf Mutterschaft
Geige =	weiblicher Körper
Haare =	Vitalität, Potenz; Haarverlust bedeutet Angst vor dem Nachlassen der Potenz
Gürtel =	Lebenskraft, Potenz, Zeugungsfähigkeit;

	wird der Gürtel von einer Frau getragen, dann symbolisiert er Keuschheit und eine hohe moralische Einstellung
Hase =	wechselnde Intimbeziehungen
Leder =	Hinweis auf aggressives Sexualverhalten
Nabel =	lesbische Neigungen
Neger =	entfesselte Leidenschaften, Triebhaftigkeit, Sünde
Säbel =	Bedrohung der Frau durch aggressives Sexualverhalten des Mannes
Schlange =	Triebhaftigkeit
Zähne =	ähnlich wie Haare ein Symbol der Potenz und der Vitalität

Krisen-Träume

Eine fünfundzwanzigjährige Frau berichtet: „Im Traum komme ich an einem Restaurant vorbei und sehe durch die großen Fenster, daß viele Gäste auf ihr Essen warten und schon sehr hungrig sind; aber kein Kellner ist zu sehen. Ich empfinde großes Mitleid mit den Wartenden und frage in der Küche, ob ich beim Auftragen helfen soll. Der Koch und seine Mitarbeiter sind für diese Unterstützung sehr dankbar und behandeln mich äußerst freundlich. Doch dann laden sie ganze Türme von Geschirr auf mein Tablett, so daß ich unter der Last fast zusammenbreche. Schwankend bahne ich mir einen Weg in das Restaurant; aber als ich mich noch einmal umschaue, sehe ich, daß mich ein riesiger Zug furchterregender Ameisen verfolgt. Sie kommen immer näher. Ich werfe das Porzellan hin, will schreiend flüchten, aber irgendwie komme ich nicht von der Stelle. Schon krabbeln die Ameisen an meinen Beinen entlang. Im Hintergrund höre ich das hämische Lachen des Kochs, und plötzlich wird mir klar, daß er die Ameisen auf mich gehetzt hat.“

Verfolgungsträume, bei denen der Gehetzte wie gelähmt ist und nicht von der Stelle kommt, weisen darauf hin, daß sich der Träumer zu den vom Schicksal Vernachlässigten zählt. Die Umgebung zollt ihm keine Anerkennung, nutzt ihn nur aus, ist undankbar und erkennt oft nicht die wahren Fähigkeiten des Menschen. Gleichgültig, ob diese Eigeneinschätzung richtig oder falsch ist, sie hat bei der jungen Frau bereits zu einer schweren Krise geführt. Denn in der Traumdeutung gelten Insekten, vor allem aber Ameisen, als Alarmzeichen, als Ankündigung des völligen Zusammenbruchs. Menschen wie die Träumerin stehen bei der Bewältigung ihres Alltags immer wieder vor neuen Hindernissen. Das geht auf die Dauer über ihre Kräfte, so daß sie unbedingt Hilfe brauchen, um zu einer anderen Lebenseinstellung zu gelangen.

Einen ähnlichen – wenn auch nicht ganz so dramatischen – Aussagewert haben Prüfungsträume, bei denen man irgendein Examen ablegen muß. Dabei tauchen tausend Schwierigkeiten auf: Entweder hat der Träumer die richtige Antwort vergessen, oder er wird mit seiner Aufgabe in der vorgeschriebenen Zeit nicht fertig. Manchmal wird er auch von Mitschülern oder von dem Prüfer total verunsichert.

Auch in diesen Träumen spiegelt sich das Gefühl wieder, im Leben zu kurz gekommen zu sein und völlig unterschätzt zu werden. Tatsächlich kann sich aus diesem mangelnden Selbstvertrauen schließlich wahres Versagen ergeben.

Gelingt es dem Träumer, sich der unangenehmen Situation zu entziehen – etwa indem man plötzlich davonfliegt oder von einer kräftigen Gestalt weggetragen wird, so handelt es sich dabei um positive Aspekte. Das Unterbewußte rät dem Menschen, sich über die Schwierigkeiten zu erheben; es will ihm Mut machen, alle Hindernisse zu überwinden.

Doch längst nicht immer ist Fliegen im Traum ein positives Zeichen. Manchmal wird mit diesem Bild auch davor gewarnt, sich in eine Scheinwelt zu flüchten und den Sinn für die Realität zu verlieren.

Das Gegenstück zu den Flugträumen sind die sogenannten Fallträume, bei denen man das Gefühl hat, in unendliche Tiefen abzustürzen.

Die Traumdeutung wertet dieses Erlebnis als Zeichen des ungestillten Liebeshungers. Wer Karriere macht, bricht oft Beziehungen zu früheren Freunden ab, vereinsamt und lebt in der Angst, von dem mühsam erklommenen Gipfel wieder abzustürzen.

Abstürze im Traum können aber auch bedeuten, daß man einen falschen Lebensweg eingeschlagen hat, der zwangsläufig in die Katastrophe führen muß.

Viele dieser Krisen-Träume könnten auch unter der Überschrift stehen „Das Leben ist eine Reise". In diesen Träumen spielen Bahnhöfe und Flugplätze eine bedeutende Rolle als Schauplätze der Veränderung, die sich entweder anbahnt oder zu der das Unterbewußtsein ermuntern will.

Allerdings fällt die Ermunterung nicht immer so eindeutig aus, wie in dem Traum einer älteren Frau, die das folgende Erlebnis schilderte:

„Ich befand mich auf einem kleinen Bahnhof, der hoch auf einem Berggipfel lag. Der Zug stand bereits auf dem Gleis, das beängstigend abschüssig war. Hinter dem Fenster eines Abteils erkannte ich unseren neunzehnjährigen Sohn und seine Verlobte. Ich griff nach meinem Koffer und wollte ebenfalls einsteigen, aber der Stationsvorsteher meinte, ich müsse erst die Bremsen lösen. Es gab da auf dem Bahnhof einen großen Hebel, den ich umlegen sollte, was mich sehr viel Kraft kostete. Kaum hatte ich es geschafft, da sauste der Zug ab – ohne mich. Auf dem Abhang gewann er rasch an Geschwindigkeit.

Noch nie zuvor war ich mir so einsam und verlassen vorgekommen wie in diesem Augenblick, da ich dem Zug nachschaute. Der Stationsvorsteher sagte: ‚Jetzt erreicht die Lokomotive gleich den entscheidenden Punkt. Hoffentlich reagiert Ihr Sohn richtig.' Ich verstand diese Worte nicht. Doch dann sah ich, wie sich der ganze Zug von dem Gleis abhob und durch die Luft schwebte. Wie in einer Zeitlupe bewegten sich Lokomotive und Waggons der Wolkendecke entgegen. Der Stationsvorsteher an meiner Seite sagte: ‚Ihr Sohn hat eine großartige Leistung vollbracht. Um den müssen Sie sich keine Sorgen machen.' Ich stand neben dem Mann und weinte haltlos wie ein Kind."

Der kleine Bergbahnhof mit dem abschüssigen Gleis wird zum Schauplatz eines Vorgangs, der vielen Eltern sehr schwer fällt. Es geht hier um das sogenannte Abnabeln erwachsen gewordener Kinder.

Durch das Umlegen des Bremshebels verhilft die Mutter ihrem erwachsenen Sohn zu einem guten Start, ist aber sehr betroffen, als sie erkennen muß, daß der Zug ohne sie abfährt. Doch dann sieht sie, wie sich die Lokomotive und die Waggons von den Gleisen abheben und zum Himmel fliegen. Der Stationsvorsteher lobt ausdrücklich die „Leistung“ des jungen Mannes. Mit diesen schönen Bildern will das Unterbewußtsein der Mutter Mut machen, ihren Jungen ins Leben zu entlassen. Sie kann ganz beruhigt auf dem Bahnhof zurückbleiben.

Zu den Themenkomplexen „Krisen-Träume“ und „Das Leben ist eine Reise“ gehören folgende immer wieder auftretende Symbole:

Abend =	ein wichtiger Abschnitt im Leben geht zu Ende
Abgrund =	Gefahr, der eingeschlagene Weg ist falsch
Berg =	eine bessere Übersicht wird angestrebt
Brunnen =	neue Kraft, innere Reinigung
Fackel =	Weitergabe von geistigen Werten, aber auch Symbol der Ehe
Garten =	Erneuerung, Fruchtbarkeit
Insekten =	lauernde Gefahr
Laterne =	Aufforderung, über bestimmte Situationen nachzudenken
Lokomotive =	Energie, die von Gruppen und anderen Gemeinschaften ausgeht
Platz =	Hinweis, daß die Handlung, die sich auf dem Platz abspielt, eine besondere Wichtigkeit hat
Schiff =	positive Veränderung; negativ ist das Symbol nur, wenn das Schiff in Sturm und Seenot gerät

Schuh = Standort und Einstellung des Träumers zu bestimmten Sachverhalten, auch Symbol einer bestimmten Lebensphase (Kinderschuh)

Todesträume

Ein achtundvierzigjähriger Familienvater schildert einen Traum, der ihn nach seinen eigenen Worten wochenlang beschäftigt hat:

„Obwohl ich bereits als Leiche im Sarg lag, bekam ich alles mit, was sich um mich herum tat, aber ich konnte mich nicht mehr meiner Umwelt verständlich machen. Als ich den Kopf ein wenig zur Seite drehte, bemerkte ich, daß man mich auf zahlreichen neuen Geldscheinen aufgebahrt hatte. Das empörte mich sehr; denn mir tat das schwer verdiente Geld leid.

Zwei Männer in schwarzer Uniform trugen den offenen Sarg durch eine prächtige Villa, die fast schon ein Schloß war. In jedem Raum setzten sie den Sarg kurz ab und beteten. Meine Angehörigen standen um mich herum und weinten. Ich hätte sie gerne getröstet, aber ich konnte nicht mehr sprechen.

Draußen in dem parkähnlichen Garten hinter der Villa gab es eine Art Mausoleum aus purem Gold. Das war für mich die Endstation. Die beiden Träger stellten den Sarg ab und gaben meiner Frau mit einem Wink zu verstehen, daß nun der Augenblick gekommen war, für immer von mir Abschied zu nehmen. Meine Frau beugte sich über mich, küßte mich auf die Stirn und sagte dann zu unseren beiden Kindern: ‚Schade, daß uns Vati nichts mehr mitzuteilen hat.‘

Ich geriet in Panik, als die goldene Tür des Mausoleums von außen geschlossen wurde, so daß ich in dem dunklen Raum eingesperrt war. An dieser Stelle bin ich schreiend und schweißgebadet aufgewacht."

Wer im Traum seine eigene Beerdigung miterlebt, muß nicht etwa im Sinne eines prophetischen Traums mit seinem kurz bevorstehenden Ende rechnen. Vielmehr handelt es sich dabei meistens um einen sogenannten Wandlungstraum, der eine neue Epoche im Leben ankündigt. So treten diese Träume verstärkt vor einem Wohnort- oder Stellungswechsel auf.

Oft sind diese Träume auch so etwas wie eine Aufforderung, bisherige Lebensinhalte zu beerdigen und dafür neue Akzente zu setzen. Nur so kann auch der eingangs geschilderte Traum interpretiert werden.

Wahrscheinlich handelt es sich bei dem Träumer um einen besonders fleißigen, zielstrebigen Mann, der immer viel gearbeitet hat und darauf aus war, seinen Besitz zu mehren und die Familie finanziell abzusichern. Dieses Bestreben wird im Traum durch Symbole des Reichtums dargestellt – wie zum Beispiel das Geld im Sarg, die prächtige schloßartige Villa und das goldene Mausoleum.

Doch durch diese Bestrebungen sind wichtige Beziehungen zu der Ehefrau und zu den Kindern zu kurz gekommen. Eine gewisse Sprachlosigkeit hat sich in der Familie breitgemacht. Bezeichnend ist der Satz der Ehefrau: „Schade, daß uns Vati nichts mehr mitzuteilen hat." Der Todestraum will dem Betreffenden Mut machen, das materielle Denken ein für allemal zu beerdigen und sich mehr seinen Mitmenschen zu widmen.

Nicht in allen Fällen erfolgt die Aussage so deutlich. Oft muß der Träumer lange nachdenken, bis er herausgefunden hat, von was er sich da eigentlich trennen soll. Todesträume sind immer so etwas wie ein gutgemeinter Rat, selbstkritisch Lebensbilanz zu ziehen.

Hinzu kommt, daß das Erleben des eigenen Sterbens so beeindruckend ist, daß es in der Erinnerung haften bleibt, während andere Bestandteile dieses Traums rasch wieder in Vergessenheit geraten.

Manchmal enthalten Todesträume auch verschleiert die Empfehlung, sich von falschen Gefühlen, Rücksichtnahmen und von ungerechtfertigtem Schuldbewußtsein zu befreien.

Feuerbestattungen symbolisieren den positiven Aspekt der Erneuerung – aus der Asche wird neues Leben geboren.

Nicht selten ist der Tod im Traum auch mit Gewaltverbrechen verbunden. Wird der Träumer zum Opfer der Tat, dann kann das auf tief verborgene Ängste, ja sogar auf eine beginnende Neurose hinweisen.

Ist dagegen der Träumer der Verbrecher, dann haben wir es meistens mit angestauter Aggression zu tun, die sich nur im Traum entlädt. Aber auch Menschen, die sich im Alltag ständig unterordnen müssen, träumen – sozusagen als Ausgleich – von brutalen Gewaltverbrechen, die sie begehen.

Wissenschaftliche Erhebungen haben ergeben, daß Männer und Frauen, die schwere Schuld auf sich geladen haben, also zum Beispiel Mörder und Totschläger, nur ganz selten von Gewalt träumen. Ihre Träume sollen eher heiter und gelassen sein. Die Wissenschaftler vermuten: Hier übernimmt der Traum eine Art Schutzfunktion, mit der die Seele entlastet werden soll.

Ebenso beunruhigend wie Todesträume sind Träume, in denen man sich als Patient sieht und seine eigene Behandlung im Krankenhaus oder in der ärztlichen Praxis miterlebt. Manche Leute denken über diese Traumbilder wochenlang nach und rechnen mit dem Ausbruch einer schweren Krankheit. Doch diese Befürchtungen sind völlig unbegründet.

Denn die ärztliche Behandlung kann auch die Heilung eines seelischen Leidens oder die Lösung eines großen Problems bedeuten.

Operationsträume können als Aufforderung gewertet werden, sich nicht länger mit einem Konflikt zu belasten und eine einschneidende Änderung herbeizuführen.

Folgende Symbole tauchen in diesen Träumen besonders häufig auf:

Auge =	Aufforderung, ein Problem ganz klar zu erkennen; medizinische Eingriffe am Auge verheißen mehr Einsicht
Brust =	Lebensnerv, Energie
Geburt =	neue Möglichkeiten zeichnen sich ab
Henker =	folgenreiche (auch positive) Veränderung
Injektion (Blutzufuhr) =	neue Kräfte erwachen; auch eine Aufforderung, anderen mehr Mut zu machen
Klinik =	Hilfsbedürftigkeit, Fürsorge
Kreuz =	Aufopferungsbereitschaft; es muß mit Opfern gerechnet werden
Pfarrer =	ein Leidtragender findet Trost

Feuer- und Wasserträume

„Im Traum hörte ich eine warnende Lautsprecherstimme, die verkündete: ‚Die Stadt steht in Flammen! Bitte bleiben Sie in Ihren Häusern! Halten Sie Türen und Fenster geschlossen!‘ Ich war vor Angst wie gelähmt, weil ich wußte, daß mein Mann mit seinem Tanklastzug unterwegs war. Ich wollte ihm entgegenlaufen, um ihn daran zu hindern, mit seiner gefährlichen Fracht in die brennende Stadt einzufahren. Doch irgendwie war ich völlig kopflos und unfähig, etwas Vernünftiges zu tun.

In dieser Situation riet mir meine Schwiegermutter, eine alte Ritterrüstung anzulegen und mich auf diese Weise vor den Flammen zu schützen. (So eine Ritterrüstung steht in der Eingangshalle des Hotels, in dem ich beschäftigt bin.) Mit der schweren Rüstung konnte ich mich auf der Straße kaum fortbewegen. Menschen hetzten an mir vorbei, manche sahen aus wie lebende Fakkeln, aber wegen des Helms konnte ich ihre Schmerzensschreie nicht hören. Auf einmal erkannte ich, daß die Rüstung durch die Hitze zu schmelzen begann. Flüssiges Eisen tropfte auf den Erdboden. Bereits nach kurzer Zeit hatte sich der Panzer völlig aufgelöst, so daß ich ganz schutzlos dastand. Ich dachte: ‚Jetzt mußt du qualvoll verbrennen.‘ Doch da tauchte mein Mann auf und verkündete, er habe den großen Brand mit Hilfe des Feuerlöschers aus seinem Wagen bekämpft. Er nahm mich in die Arme, und ich brach vor Erleichterung und Glück in Tränen aus.“

In diesem Traum einer zweiunddreißigjährigen Ehefrau mischen sich reale Sinneseindrücke aus dem Alltag mit aussagekräftigen Symbolbildern. Obwohl dieser

Traum von einer schrecklichen Katastrophe handelt, enthält er eine äußerst positive Botschaft.

Wahrscheinlich neigt die Frau dazu, ihre Gefühle zu unterdrücken. Diese ständige Selbstkontrolle führt zu starken inneren Spannungen. Im Traum wird das durch das kopflose Verhalten, durch die Lähmungserscheinungen, aber auch durch die Ritterrüstung dargestellt. Jedoch in der Hitze schmilzt der Panzer, und genau in diesem Augenblick ist die Gefahr behoben.

Die Botschaft dieses Traums heißt: Lege den Panzer ab, der dein Gefühlsleben behindert. Dann werden sich auch deine Beziehungen zu den Mitmenschen bessern.

Auch wenn das Feuer den Träumer in Panik versetzt: Es ist das Symbol der reinigenden Kraft, der Verschmelzung und der Läuterung. Nur in Ausnahmefällen bedeuten Flammen auch wirkliche Zerstörung, die dann meistens durch ungezügelte Leidenschaften hervorgerufen wird.

Besonders vielschichtig ist die Aussage von Träumen, in denen Wasser eine wichtige Rolle spielt. Um diese Traumbilder richtig deuten zu können, muß man sich an möglichst viele Details und an seine eigenen Gefühle während des Traums erinnern.

So hat zum Beispiel dieser Traum eines siebenundvierzigjährigen Familienvaters einen versöhnlichen Charakter, obwohl er vom Tod durch Ertrinken handelt: „Ich sonnte mich am Ufer eines Sees, aber meine Ruhe hielt nicht lange an. Denn plötzlich umringten mich meine vier Kinder und die Kollegen aus der Firma – darunter auch einer, der drei Wochen zuvor tödlich verunglückt war. Lautstark und barsch forderten mich die Störenfriede auf, Wasser aus dem See zu schöpfen. Dazu drückten sie mir einen kleinen Meßbecher in die Hand. Im Verlauf dieser Arbeit, die mir völlig sinnlos erschien, ging ich immer tiefer ins Wasser, bis ich völlig untergetaucht war. Unten am Grund des Sees machte ich es mir bequem. Ich streckte mich auf weichem Sand aus und blickte nach oben. Durch das kristallklare Wasser konnte ich erkennen, wie die Kinder und die Kollegen schwimmend nach mir suchten. Das bereitete mir ein diebisches Vergnügen, so daß ich ganz still dalag, um die Aufmerksamkeit der anderen nicht auf mich zu lenken. Eine wohltuende Ruhe kam über mich, so daß ich rasch unter Wasser einschlief."

Das ist der Traum eines Mannes, der sich von seinen Mitmenschen überfordert fühlt. Er hat den Glauben an eine bessere Zukunft längst verloren. Die Tatsache, daß er im Traum zu einer nutzlosen Tätigkeit gezwungen wird, läßt den Rückschluß zu, daß er auch in seiner täglichen Arbeit keinen tieferen Sinn sieht. In dieser Krisensituation wird das tiefe Wasser zum Schauplatz der Ruhe und Geborgenheit, die dann auch ganz bewußt genossen wird. Das klare Wasser ist so etwas wie eine Verheißung: Auch für dich wird wieder eine bessere, hellere Zeit kommen. Das Unterbewußtsein rät also mit den Traumbildern, sich einfach einmal treiben zu lassen und zu entspannen – eine Kunst, die dem angespannten Träumer sichtlich sehr schwer fällt.

Ausdruck starker Lebensängste ist das in vielen Träumen auftretende Bild des langsam, aber stetig steigenden Wassers, das schließlich alles unter sich begräbt. Dieser Traum ist ein Alarmsignal und deutet darauf hin, daß hier ein Mensch befürchtet, den Boden unter den Füßen zu verlieren und von negativen Ereignissen überrollt zu werden.

Daß Wasser aber auch das Symbol des Lebens sein kann, geht aus diesem Traum einer fünfzigjährigen Hausfrau hervor:

„Aus einer Quelle sprudelt plötzlich so viel Wasser hervor, daß ich blitzschnell auf eine Anhöhe flüchten muß. Verstört und verängstigt sehe ich, daß die Fluten alles mitreißen, was sich ihnen in den Weg stellt: Häuser, nagelneue Autos, Kartons, die auseinanderbrechen, so daß ich den kostbaren Inhalt erkennen kann – Uhren, Schmuck, Pelze, Kleider. Schon befürchte ich, daß auch mein Hügel überschwemmt wird. Aber ebenso schlagartig wie die Überschwemmung begonnen hat, hört sie auch wieder auf. Das Wasser fällt, und um mich herum ist nur noch dunkler Schlamm. Aus diesem Schlamm aber wächst eine wunderschöne Wiese, auf der sich drei rote Pferde tummeln."

Mit diesem Traum wird der Frau verdeutlicht, daß das rastlose Streben nach immer neuem Besitz sinnlos ist, wenn dadurch andere lebenswichtige Bedürfnisse zu kurz kommen. Das kann sich beispielsweise auf die Partnerschaft beziehen, die immer mehr verkümmert, weil die Gefühle zu kurz kommen. Erst als die Fluten alle Symbole unserer Wohlstandsgesellschaft weggefegt haben, wächst neues Leben. Die Pferde verkörpern Kraft und Vitalität, die sich einstellen werden, wenn die Träumerin den Befehl ihres Unterbewußtseins beachtet. Durch die Farbe Rot, die Aktivität symbolisiert, wird der Eindruck der Vitalität noch verstärkt.

In diesem Zusammenhang sei darauf hingewiesen, daß Tiere in der freien Natur fast immer einen positiven Aussagewert haben. Sie verkörpern Lebensfreude, Freiheit und den natürlichen Instinkt. Sobald sich die Tiere aber in einer ungewöhnlichen Umgebung befinden, etwa in einem Mietshaus, ist das ein Signal für eine sich anbahnende Krise. Meistens befürchtet der Träumer, aus irgendeinem Grund seine persönliche Freiheit zu verlieren. Frösche, Kröten, Schlangen und Insekten, aber auch aggressive Tiere (beißende Hunde) bedeuten nichts Gutes. Diese Lebewesen verkörpern schlechte menschliche Eigenschaften.

Was die Persönlichkeit formt

Als ich meinen ehemaligen Klassenkameraden nach 25 Jahren zufällig auf der Straße wiedertraf und er mich zu einem Bier einlud, fragte ich mich bald verstört: „Ist das noch derselbe Mensch, mit dem du früher stundenlang heiße Debatten über Politik und Literatur geführt hast, mit dem du die Welt aus den Angeln heben und besser machen wolltest?“

Aus dem schwärmerischen, idealistisch eingestellten Gymnasiasten war ein verbitterter, heimtückischer Mensch geworden, der mir mit großer Schadenfreude freimütig erzählte, wie er den Kunden seines Kreditvermittlungsgeschäfts das Fell über die Ohren zu ziehen pflegte. Für ihn gab es nur noch zwei Gesprächsthemen: Geld und Geschäft.

Was war da mit meinem ehemaligen Freund passiert? Waren jetzt erst negative Erbanlagen zutage getreten, oder hatten ihn Umwelteinflüsse geformt?

Die Vertreter der Umwelt- und Milieutheorie behaupten, daß sich der Einfluß des Erbgutes lediglich auf einige anatomische Gegebenheiten beschränkt. Das Wesen und das Verhalten des Menschen werden nach dieser Theorie vor allem durch die Umwelt bestimmt.

Die Vertreter der Vererbungstheorie dagegen glauben, daß die in der Erbmasse vorhandenen Anlagen allein entscheidend für die Formung der Persönlichkeit sind.

Noch vor ein paar Jahrzehnten standen sich diese beiden Auffassungen feindlich und unversöhnlich gegenüber. Inzwischen hat sich die Erkenntnis durchgesetzt, daß sowohl die ererbten Anlagen wie auch die Umwelt Anteil an der Charakterbildung haben.

Die ererbten Anlagen können im Verlauf der Entwicklung durch die Erziehung, durch eigene Erfahrungen und andere Umwelteinflüsse gefördert, verformt oder völlig unterdrückt werden.

Wenn Sie wirklich tiefen Zugang zu einem Menschen finden wollen, dann müssen Sie sich auch für seine Kindheit interessieren; denn dort liegt der Schlüssel für das Verständnis, warum er oder sie so geworden ist, wie Sie den Mitmenschen jetzt kennengelernt haben.

Kapituliert er beispielsweise vor den Anforderungen des Alltags und zieht sich mit Hilfe von Alkohol und Drogen in eine Scheinwelt zurück, dann versucht er, sich in den paradiesischen Zustand zurückzuversetzen, den er während der neun Monate im Mutterleib erlebt und genossen hat. Ohne sein Zutun fand er damals alles, was er für sein Wohlbefinden brauchte: Nahrung und vor allem Geborgenheit sowie Schutz.

Fällt es dem Erwachsenen schwer, sich in Gemeinschaften einzufügen, so liegt der Verdacht nahe, daß ihm diese Fähigkeit im Elternhaus nie abverlangt wurde. Unsoziales und aggressives Verhalten haben fast immer ihre Wurzeln in der Kindheit.

Aufschlußreich kann auch die Frage sein: Was für

ein Mensch war dein Vater? Wie war dein Verhältnis zu ihm?

Für die Tochter ist der Vater oft so etwas wie ein Vorbild, das später bei der Partnerwahl unbewußt eine wichtige Rolle spielt. So weiß man, daß Töchter gewalttätiger Väter bevorzugt gewalttätige Männer heiraten.

Das Verhältnis zwischen Vater und Sohn ist häufig konfliktbeladen und Quelle späterer Komplexe. Die Autorität des Vaters ist mit Macht verbunden, die der kleine Sohn rasch zu fürchten lernt. So empfindet er für den Vater, den er eigentlich nur lieben sollte, Haß. Er schämt sich dieses Hasses und gerät dadurch in einen Konflikt, den er auch als Erwachsener mit sich herumträgt. Zeit seines Lebens hat er ein konfliktbeladenes Verhältnis zu Autoritätspersonen, gegen die er aufzubegehren versucht.

Vor allem die Mutter ist es, die das Liebesbedürfnis des Kindes stillen muß, wobei sie sich vor Übertreibungen hüten sollte. Denn auch ein Zuviel an Zuwendung und Nachsicht kann schädigend sein.

Viele erwachsene Männer und Frauen wirken erschreckend unselbständig und unreif, nur weil sie während ihrer Kindheit ständig verwöhnt und verzärtelt wurden und nie gelernt haben, ihre Ansprüche zu drosseln und Schwierigkeiten aus eigener Kraft zu meistern.

Noch verhängnisvoller ist der Mangel an Elternliebe, der zu gravierenden Verformungen der Persönlichkeit führen kann. Eine allzu strenge, von vielen Verboten gekennzeichnete Erziehung macht den Menschen unfrei und hindert das Kind daran, seine Gefühle spontan zu zeigen.

Im Zusammenleben mit den Geschwistern erlernt das Kind soziales Verhalten, Rücksichtnahme, aber auch Selbstbehauptung. Wenn es dabei richtig angeleitet wird, erfährt es, wie man mit den sozialen Beunruhigungen, wie Eifersucht, Neid und Gemeinheiten, umgeht und fertig wird.

Etwa zwischen dem 14. und 18. Lebensjahr verändert sich das Verhältnis zu den Eltern. Jetzt entscheidet es sich, ob Vater und Mutter die ganz natürliche Ablösung ihres herangewachsenen Kindes fördern oder verhindern. Loslassen und dennoch Liebhaben ist eine Kunst, die viele Menschen nicht gelernt haben. Auch in der späteren Partnerschaft orientiert sich der Mensch meist völlig unbewußt an dem Vorbild der Eltern. Entweder wird es nachgeahmt, oder man beschließt: Ich will eine bessere Ehe führen, als es meine Eltern getan haben. Doch nicht selten scheitert dieser Vorsatz, weil ganz unwillkürlich das Verhaltensmuster übernommen wird, das man im Elternhaus kennengelernt hat.

Wer das Geheimnis einer fremden Seele enträtseln will, sollte sich möglichst viel Informationen über die ersten Lebensjahre des anderen verschaffen. So können beispielsweise Fotos aus der Kindheit, Briefe, Tagebuchaufzeichnungen, aber auch die Erinnerungen der Eltern, Geschwister und Lehrer dazu beitragen, das Bild der frühen Jahre abzurunden. Wer dann weiß, wie der Mitmensch als Kind war, was er erlebt, erlitten und erduldet, aber auch was ihn glücklich gemacht hat, wird sein Verhalten besser verstehen können.

Jeder Mensch – ein unverwechselbares Individuum

Während die Lehre von den stummen Signalen und der Körpersprache sowie die verschiedenen Typenlehren, mit denen wir uns in den vorangegangenen Kapiteln beschäftigt haben, immer nach Merkmalen suchen, die mehrere Menschen und ganze Gruppen gemeinsam haben, beschäftigt sich die Persönlichkeitsforschung mit den Eigenschaften des Individuums. Denn schließlich stellt ja jeder Mensch ein einmaliges, unverwechselbares Einzelwesen dar, das mit Worten wie „offen", „phantasievoll", „gutgläubig", „treu", „aggressiv" oder „ängstlich" nur unzureichend beschrieben werden kann, weil diese Begriffe nichts über die Gewichtung der Eigenschaften verraten, also über den Anteil, den sie an der Gesamtpersönlichkeit haben.

Wer Menschen wirklich verstehen will, muß wissen, wie sich ihre Persönlichkeit zusammensetzt. Dazu gibt es viele Theorien, die sich allerdings im großen und ganzen sehr ähneln.

Nach der von Freud entwickelten tiefenpsychologischen Theorie, die hier natürlich nur sehr vereinfacht wiedergegeben werden kann, setzt sich unsere Persönlichkeit aus dem Bewußtsein – Freud sprach vom „Ich" –, aus dem Unbewußten („Es") und aus dem „Über-Ich" zusammen.

Das Bewußtsein – das sind unsere Wahrnehmungen, Vorstellungen, unsere Gedanken und unser Wille. Das Unbewußte setzt sich unter anderem aus den Triebkräften und aus unbestimmbaren Impulsen zusammen und ist so etwas wie die Energiequelle für unser Verhalten. Das „Über-Ich" gilt als eine Art Kontrollinstanz oder als moralischer Gerichtshof, der nicht nur die bewußt ausgeführten Handlungen überwacht, sondern auch in Widerspruch zu den unbewußten Triebregungen geraten kann.

Wer Menschen richtig einschätzen will, sollte sich diesen Aufbau der Persönlichkeit stets vor Augen halten.

Hilfreich bei der Beurteilung kann auch das von dem amerikanischen Psychotherapeuten Eric Berne entwickelte Modell der Persönlichkeit sein, die sich nach seiner Theorie aus drei unterschiedlichen Ich-Zuständen zusammensetzt: aus dem Eltern-Ich, dem Erwachsenen-Ich und aus dem Kindheits-Ich.

Das Eltern-Ich orientiert sich vorwiegend an dem Verhalten der Eltern und anderer Erzieher, die uns während unserer Kindheit beeinflußt haben. In diesem Bereich reagieren wir so, wie damals die Autoritätspersonen reagiert haben. Zwei Funktionen bestimmen den Eltern-Ich-Zustand – die umsorgende und die kontrollierende.

Das Erwachsenen-Ich ist der Persönlichkeitsanteil, der uns befähigt, Informationen zu sammeln, auszuwerten und daraus Konsequenzen zu ziehen, ohne sich dabei von Gefühlen und Stimmungen beeinflussen zu lassen.

Das Kindheits-Ich ist das in der frühen Kindheit

erlernte Verhaltensmuster, das durch unbekümmerte Spontaneität, naive Lebensfreude einerseits und durch Ohnmachtsgefühle sowie Ängste andererseits bestimmt wird.

Zwar pendeln wir alle zwischen den verschiedenen Ichs hin und her, aber jeder von uns hat ein bevorzugtes „Ich“, das besonders ausgeprägt zutage tritt.

Und nun kommt uns zugute, was wir in den vorangegangenen Kapiteln über die Deutung des Gesichtsausdrucks und über die Signale der Körpersprache gelernt haben. Denn anhand dieser Merkmale können wir ablesen, in welchem Ich-Zustand sich ein Mensch befindet. Das macht es uns leichter, sich auf ihn einzustellen.

Wirkt die ganze Körperhaltung bewußt korrekt und vielleicht sogar ein bißchen arrogant und aufgeblasen, ist der Blick streng und tadelnd, dann haben wir es mit dem Eltern-Ich zu tun. Die andere Version des Eltern-Ichs sieht so aus: Die Körperhaltung verrät freundliche Hinwendung, der Blick ist wohlwollend und ermunternd.

Den Zustand des Erwachsenen-Ichs erkennen wir an einer Körperhaltung, die entspannt wirkt und dennoch Interesse an der Umwelt verrät. Gesicht und Oberkörper sind dem Gesprächspartner zugewandt. Der gesamte Gesichtsausdruck signalisiert Aufmerksamkeit.

Beim Kindheits-Ich müssen wir wieder zwei Versionen unterscheiden: Einmal verraten Körperhaltung und Mimik Aufgeschlossenheit und Lebensfreude, während beim anderen Mal der Kopf gesenkt ist und die Schultern hochgezogen werden, so daß man daraus Angst und Einschüchterung ablesen kann.

Mit diesem Wissen um die Struktur der Persönlichkeit

ausgestattet, können wir uns sehr rasch auf unsere Mitmenschen einstellen. Tritt uns beispielsweise jemand entgegen, bei dem ganz deutlich das Kindheits-Ich dominiert, so werden wir bei ihm mit logischen, klaren und sachlichen Argumenten wenig ausrichten. Was er braucht, ist Zuwendung und vielleicht eine liebevolle Führung.

Zugegeben, alle diese Theorien über die Persönlichkeitsstrukturen klingen sehr einfach und verraten kaum etwas von den komplizierten Mechanismen der Seele, die in ihrer individuellen Ausprägung erst die Gesamtpersönlichkeit des Menschen ausmachen.

Wodurch unterscheiden sich also die einzelnen Persönlichkeiten?

Einmal durch das Ausmaß ihrer inneren Kraft, durch die unterschiedliche Dynamik. Es gibt Leute, die vor Vitalität nur so strotzen, auf Reize sofort reagieren und nur selten müde werden. Ihnen stehen die Mitmenschen gegenüber, die über schwache Antriebskräfte verfügen, leicht ermüden und auf Reize nur schwer ansprechen.

Von der inneren Dynamik ist auch die seelische Grundstimmung abhängig, die je nach Vitalität von Lebensfreude und Optimismus bis hin zur Lustlosigkeit und zu lähmenden Depressionen reichen kann.

Männer und Frauen mit einer starken Dynamik sind immer darauf bedacht, all ihre Triebe – also nicht nur die sexuellen, sondern auch beispielsweise den Nahrungstrieb – zu befriedigen, während weniger vitale Leute auch ein schwach ausgeprägtes Triebleben haben.

Ein weiteres Merkmal, durch das sich die Persönlichkeiten unterscheiden, ist die vom Unbewußten und von der Umwelt geprägte ganz persönliche Wertordnung, die zur Richtschnur unseres Strebens wird. Die Skala der Werte, die Menschen anstreben, reicht von der bloßen Befriedigung der Sinnesreize (Genußtrieb) über Habgier und Machthunger bis hin zum sozialen Engagement und gesellschaftlicher Anerkennung.

Der Wunsch, Liebe zu schenken und zu empfangen, gehört ebenso zu dieser Wertordnung wie die Sehnsucht nach Geborgenheit und Harmonie.

Ob wir uns lieber von unserer Umwelt abkapseln oder bewußt die Gemeinschaft suchen, ob wir das Bedürfnis verspüren, etwas Sinnvolles zu gestalten oder möglichst bequem durchs Leben zu gehen – das alles ist eine Frage der Wertordnung.

Im engen Zusammenhang mit dieser Wertskala steht auch das Gefühlsleben, das ebenfalls sehr unterschiedlich ausgeprägt ist. Wer beispielsweise die schöpferische Leistung als sein wichtigstes Lebensziel erkannt hat, wird bei der Befriedigung dieses Bedürfnisses ein grenzenloses Glücksgefühl erleben, das dem auf Genuß gerichteten Menschen schwer verständlich sein dürfte.

Nicht nur die Auslöser der Gefühle sind verschieden. Unterschiedlich sind auch der Umgang mit den eigenen Gefühlen und die Dimension, die sie erreichen. Der eine zeigt seine Gefühle offen, fast hemmungslos, der andere unterdrückt sie oder versucht es wenigstens. Und die Skala der Gefühlsregungen reicht vom Stirnrunzeln, das Verstimmtheit verrät, bis hin zum Affekt, bei dem die Selbstkontrolle völlig ausgeschaltet ist.

Ob wir die Ziele unserer Wertordnung erreichen, hängt nicht zuletzt auch von der Stärke unseres Willens ab, der ebenfalls sehr unterschiedlich ausgeprägt ist.

Bei unseren Handlungen liefert die innere Dynamik die erforderliche Energie. Die Wertordnung nennt uns das angestrebte Ziel. Der Wille hilft uns, nicht auf halber Strecke stehenzubleiben. Aber um das Ziel zu erreichen, brauchen wir bestimmte Fähigkeiten und Begabungen, die teilweise angeboren und teilweise erlernt sind.

Die Begriffe „Fähigkeiten und Begabungen" umfassen so unterschiedliche Leistungen, wie Merkfähigkeit, Kreativität, handwerkliches Geschick, Intelligenz und auch die Gabe, sich in Gemeinschaften einzufügen und Teamwork zu leisten. Mit den Begriffen „Vitalität", „Gefühlsleben", „Wille", „Wertordnung" und „Begabung" haben wir sozusagen die Grundausstattung jeder Persönlichkeit beschrieben. Sehen wir uns nun einmal an, wie bestimmte, immer wieder auftretende seelische Vorgänge ablaufen, die zur Prägung des Menschen beitragen.

Das Unbewußte, über das wir bereits gesprochen haben, hat wie ein Computer die Fähigkeit, Erlebnisse und Erfahrungen zu registrieren und über einen langen Zeitraum hinweg zu speichern, ohne daß wir uns dessen überhaupt bewußt sind.

Irgendein geringfügiger Auslöser genügt, um die gespeicherten Erinnerungen wieder wachzurufen, wobei wir uns auch dieses Vorgangs gar nicht bewußt sind. Aber es bleibt nicht bei dem bloßen Abrufen des lange vergessenen Vorgangs. Nach vielen Jahren versuchen wir, das damals Versäumte nachzuholen oder alte Verhaltensweisen rückgängig zu machen. Und manchmal versuchen wir sogar, längst abgespeicherte Situationen noch einmal zu rekonstruieren, nur um uns durch unser verändertes Verhalten die Genugtuung zu verschaffen, die uns damals vorenthalten blieb.

Dafür ein Beispiel aus dem Alltag: Immer wieder reizt eine Ehefrau ihren Mann bis aufs Blut, beleidigt ihn, provoziert ihn, bis er die Selbstbeherrschung verliert und sie ohrfeigt. Danach ist er über sein ungezügeltes Verhalten entsetzt und bittet die Partnerin zerknirscht um Verzeihung, die sie ihm schließlich gönnerhaft gewährt.

Und während sie in seinen Armen liegt und er sich selber anklagt, werden in ihr verschwommene Erinnerungen an ihre eigene Jugendzeit wach, in der sie ihrer alleinstehenden Mutter das Leben oft so schwer gemacht hat, daß diese zur Ohrfeige ausholte.

Als erwachsene Frau genießt sie es, immer wieder in die Rolle des Opfers und der Verzeihenden schlüpfen zu können. Um für ihre Jugendsünden zu büßen, provoziert sie regelmäßig einen Ehestreit, der immer das gleiche Ende findet.

Eine andere komplizierte Leistung unseres Unterbewußtseins ist die sogenannte „Projektion", also die Verlagerung unserer eigenen Gefühle auf einen Mitmenschen oder auf eine Sache. Dieser Vorgang dient meistens zur Rechtfertigung ganz bestimmter Handlungen, die man eigentlich selber nicht guthe¡ßen kann.

Eine Projektion liegt vor, wenn ich von einem Mitmenschen, der mir aus unerfindlichen Gründen von Herzen zuwider ist, behaupte: „Ich bin ihm zuwider."

Durch die dem anderen fälschlicherweise zugeschobene Ablehnung rechtfertige ich mein negatives Verhalten ihm gegenüber.

Die Mutter bestraft ihr Kind mit Schlägen, weil es wieder einmal den Klavierunterricht versäumt hat, und sagt dabei wütend: „Du bist sehr undankbar."

Alle ihre unerfüllten Hoffnungen auf eine eigene Karriere als Pianistin hat sie auf ihr Kind projiziert, und jetzt, da die Rechnung nicht aufgeht, ist das „widerspenstige und undankbare" Kind ein willkommener Anlaß, die Wut über das eigene Versagen und über die vertanen Chancen auszuleben.

Und verstört fragt sich die Umwelt: „Wie kommt es, daß die sonst so friedfertige Frau, die mit abgöttischer Liebe an ihrem Kind hängt, ein kleines Versäumnis derart hart bestraft?"

Ein anderer, häufig auftretender seelischer Vorgang ist die Identifikation mit Personen oder mit Objekten.

Vor allem unreife Menschen neigen dazu, sich mit anderen Persönlichkeiten, die sie sehr bewundern, derart zu identifizieren, daß sie sich sogar deren Fähigkeiten und Stärken zuschreiben. Sie schlüpfen sozusagen in eine Rolle, die sie überhaupt nicht ausfüllen können.

Häufig kommt es auch zu einer Identifikation mit einer ganz bestimmten Tätigkeit. Der Berufstätige, der in seinem Privatleben keine Erfüllung findet, geht ganz in seiner Arbeit auf und lebt nur noch für den Betrieb. Wer seine Arbeitsleistung kritisiert, verletzt sein Selbstwertgefühl zutiefst.

Auf vielfältige Weise versucht die menschliche Seele, sich vor Überforderungen zu schützen. Einer dieser Tricks ist das Rationalisieren. Darunter versteht man den Versuch, ganz bestimmte Gefühle durch verstandesmäßige Argumente zu rechtfertigen.

Auch dieser Vorgang soll an einem Beispiel verdeutlicht werden: Nach ihrer Scheidung zog eine Frau zusammen mit ihrer heranwachsenden, etwas frühreifen Tochter ziemlich überstürzt in ein Hochhaus ein. Erst später stellte sie fest, daß auf ihrer Etage vorwiegend alleinstehende Herren wohnten. Ständig lebte sie nun in der Angst, die Männer könnten ihrem Kind gefährlich werden, das sich wegen der Berufstätigkeit der Mutter häufig allein überlassen war.

Obwohl es für diese Befürchtungen überhaupt keinen Anlaß gab, wurden die Ängste der Frau immer größer. Aber sie mochte sich ihre Gefühle nicht eingestehen. Als sie den Mietvertrag kündigte, erklärte sie ihren Freundinnen, ihr sei der Anfahrtsweg zum Arbeitsplatz zu weit. Aber als sie dann in eine andere Wohnung zog, lag diese nur fünf Gehminuten näher an der Arbeitsstätte als das alte Appartement.

Die Lage der Wohnung mußte also als Rechtfertigung für die diffusen Ängste herhalten. Daraus lernen wir, daß sich hinter vielen sachlich klingenden Argumenten Gefühle und tiefverwurzelte Ängste verbergen können.

Die Seele besitzt die zeitlich begrenzte Fähigkeit, unangenehme Erfahrungen einfach zu verdrängen und ins Unbewußte abzuschieben. Doch irgendwann ist die Bürde so schwer geworden, daß sie nicht mehr weiter getragen werden kann.

Zwei Jahre lang galt der Buchhalter in dem Unternehmen als zuverlässiger und erfahrener Mitarbeiter. Plötzlich aber unterliefen ihm bei der Arbeit immer wieder schwerwiegende Fehler und Versäumnisse.

Er selbst behauptete, schuld daran sei das neue Bürogebäude, in dem er sich wegen des Straßenlärms nicht richtig konzentrieren könne. Dabei zeigten seine Kollegen nach dem Umzug in das Gebäude völlig gleichbleibende Leistungen.

Die Rechtfertigung seines Versagens durch den Hinweis auf die angeblich schlechten Arbeitsbedingungen war der bereits bekannte Versuch, zu rationalisieren, also negative Gefühle durch sachliche Argumente zu rechtfertigen.

In Wirklichkeit befürchtete der Buchhalter, ein jüngerer, ehrgeiziger Kollege, mit dem er seit einem Jahr zusammenarbeiten mußte, könnte ihm den Arbeitsplatz und die Stellung im Betrieb streitig machen. Eine Zeitlang versuchte er, seine Zukunftsängste einfach zu verdrängen. Aber dann wurde er krank und mußte sich wegen eines Magengeschwürs ärztlich behandeln lassen.

Die Mediziner glauben, daß die Mehrzahl der Krankheiten durch seelische Einflüsse hervorgerufen wird. Sie sprechen dann von psychosomatischen Erkrankungen (griechisch: psyche = Seele, soma = Körper).

So entstand die griffige Formel: „Was uns kränkt, macht uns krank." Häufig tritt ohne ärztliches Zutun eine Heilung ein, wenn die seelischen Konflikte aus der Welt geschafft worden sind.

Der Versuch, unangenehme Erfahrungen in das Unterbewußtsein abzudrängen, kann auch zu Komplexen, Frustrationen und Neurosen führen.

Ein kleinwüchsiger Mann, der schon in seiner Kindheit

von seinen Klassenkameraden verspottet wurde, fühlte sich von seiner Umgebung und vor allem von den Frauen verachtet. In ihm wurde ganz allmählich der Wunsch wach, eine besonders große Frau zu beherrschen, sexuell zu erniedrigen und auf sadistische Weise zu quälen. Eine Zeitlang versuchte er, diese alptraumhaften sexuellen Bedürfnisse zu unterdrücken, weil sein Trieb im krassen Widerspruch zu seiner eigenen moralischen Auffassung stand. So geriet er immer tiefer in einen Konflikt.

Eines Tages ließ er sich unter Alkoholeinfluß in einem Bordell mit einer auffallend langbeinigen Prostituierten ein. Und weil er getrunken hatte und sehr aufgeregt war, versagte er. Sie verspottete ihn und nannte ihn „einen schlappen Zwerg". Beschämt verließ der Mann das Haus.

Von nun an wurde aus dem durch den mangelnden Körperwuchs ausgelösten Minderwertigkeitsgefühl ein sexuell gefärbter Minderwertigkeitskomplex – so nennt man die Verknüpfung von negativen Erfahrungen mit affektgeladenen Vorstellungen, die gemeinsam ins Unbewußte abgeschoben werden, wo sie dann eine völlig überbewertete Position einnehmen.

Beim geringfügigsten Anlaß – einem kritischen Blick, einem spöttischen Lächeln – werden in dem Mann die Erinnerungen an sein Versagen wieder wach. Und nun versucht er nachzuholen, was er damals im Bordell versäumt hat: Er wehrt sich, reagiert gereizt und affektbeladen. Die immer wiederkehrenden Enttäuschungen und der ständige Zwang, auf die Befriedigung wichtiger Bedürfnisse verzichten zu müssen, führen bei vielen Leuten auf die Dauer zu schweren seelischen Spannungen, zu Frustrationen. Nicht selten kommt es dann zu dem Versuch, sich Ersatzbefriedigung zu verschaffen, oder zu einem Aggressionsverhalten.

Und schließlich weiten sich Komplexe und durch verdrängte Triebbefriedigung verursachte Frustrationen zu Neurosen aus, also zu schwerwiegenden psychischen Verhaltensstörungen, die durch eine krankhafte Einstellung zur Umwelt gekennzeichnet sind.

Ganz frei von diesen Schwierigkeiten sind wir wohl alle nicht, und es ist schwer zu sagen, wo die Grenze zwischen „noch normal" und „bereits krankhaft" verläuft.

So sind die zu den Neurosen zählenden Phobien (griechisch: Angst) – rational nicht erklärbare Ängste vor bestimmten Objekten oder Situationen – weitverbreitet. Sie reichen von der Platzangst bis hin zu dem zwanghaften Drang, jedesmal nach Verlassen des Hauses noch einmal zurückzukehren und die verschlossenen Türen zu kontrollieren.

Was Menschen so schwierig macht

Manchmal treffen wir mit Mitmenschen zusammen, die so schwierig sind, daß wir trotz aller Bemühungen keinen tiefen Kontakt zu ihnen finden. Resignierend und kopfschüttelnd stellen wir dann fest: „Es hat keinen Zweck, sich um ihn zu bemühen. Er scheint eine andere Sprache zu sprechen."

Um Ihnen in solchen Augenblicken dennoch einen gewissen Zugang zu den schwierigen Zeitgenossen zu ermöglichen und um Sie in die Lage zu versetzen, ihnen mehr Verständnis entgegenzubringen, werden in diesem Kapitel grundlegende Einflüsse geschildert, die sich auf eine Persönlichkeit negativ auswirken und zwischenmenschliche Beziehungen erschweren können.

Angst

Auseinandersetzungen mit der Angst bleiben keinem von uns erspart. Jeder neue Lebensabschnitt und jeder Wandel sind mit heftigen Angstgefühlen verbunden. Menschen haben Angst, den Kontakt zur Umwelt zu verlieren und zu vereinsamen oder umgekehrt von Mitmenschen allzusehr abhängig zu werden. Je konkreter eine Gefahr ist, um so deutlicher sind die menschlichen Abwehrreaktionen. Von einem Verbrecher, der uns nach dem Leben trachtet, werden wir weglaufen, um uns in Sicherheit zu bringen. Doch die meisten unserer Ängste sind heute nur schwer faßbar, so daß wir nicht wissen, welche Abwehrhaltung die richtige ist.

Bei der Auseinandersetzung mit der Angst entscheidet sich, wer zu einer seelisch gesunden, reifen Persönlichkeit heranwächst und wer als kranker, gestörter Mensch auf der Strecke bleibt. Das hängt davon ab, ob er den Mut findet, sich dem beklemmenden Gefühl zu stellen und es schließlich zu besiegen, oder ob er den völlig sinnlosen Versuch macht, vor der eigenen Angst wegzulaufen, um sich am Ende dann doch noch von ihr einholen zu lassen.

Viele Menschen flüchten vor der Angst in eine gefährliche Scheinwelt, in der sie nur mit Hilfe von Alkohol, verbotenen Drogen oder Tabletten Zutritt erhalten. Am Anfang mancher Suchtkarriere steht das unbewältigte Phänomen Angst.

Unbewältigte Angstgefühle führen zu stark gehemmtem Auftreten, wobei sich die Hemmungen manchmal nur auf ein ganz bestimmtes Gebiet beschränken (auf Sexualangst), oder lösen sogar lähmende Depressionen aus. Da Angstbewältigung immer auch eine Frage des eigenen Durchsetzungsvermögens ist, kann sie, wenn sie gescheitert ist, zur völligen Selbstverleugnung führen. Hinter der Maske des aufopferungsbereiten und selbstlosen Menschen verbirgt sich dann ein von Ängsten gepeinigtes Wesen.

Die Angst formt die sogenannte zwanghafte Persönlichkeit, der wir im Alltag sehr häufig begegnen. Sie hat Angst vor der Vergänglichkeit und will sich davor mit einem krankhaft übertriebenen Sicherheitsbedürfnis schützen, das sie fanatisch verteidigt. Der zwanghafte Mensch kontrolliert sich ständig selbst und kann daher seine Gefühle nie offen zeigen.

Auch die hysterische Persönlichkeit ist von der unbewältigten Angst geprägt worden. Bei ihr ist es die panische Furcht, die Freiheit zu verlieren. Sinnvolle Ordnungssysteme werden als einengend strikt abgelehnt. Immer wieder sucht ein solcher Mensch, von Unruhe getrieben, neue Abenteuer, bei denen er große Risiken eingeht. Bei der ersten Begegnung hält man diese gestörte Persönlichkeit oft nur für besonders temperamentvoll. Die krankhaften Züge erkennt man erst viel später.

Angst ist wie eine ansteckende Krankheit. Sie überträgt sich von einem Menschen auf ganze Gemeinschaften, so daß es die Psychologen häufig mit regelrechten Angstfamilien zu tun haben.

Aggressionen

Diese Gefühle oder genauer gesagt feindseligen Aspekte entspringen meistens der eigenen Ohnmacht, die man sich selbst nicht eingestehen will. Die ständige Reizüberflutung greift die Nerven der Menschen an und macht sie für aggressives Verhalten anfällig. Meistens übernimmt der aggressive Mensch Verhaltensmuster, die er bereits in seiner Kindheit kennengelernt hat. Neigte beispielsweise der Vater dazu, bei unbewältigten Problemen aggressiv und gewalttätig zu handeln, dann wird sich der Sohn später meistens genauso verhalten. Bei den Opfern der Aggressionen findet sich übrigens eine ähnliche Gesetzmäßigkeit. So hat die Erfahrung gezeigt, daß

Frauen, die in ihrem Elternhaus aggressives Verhalten erlitten hatten, häufig gewalttätige Männer heiraten.

Während man dem befristeten Zornesausbruch bei angespannten Situationen noch eine bereinigende Wirkung nachsagt, vergiftet der auf die Vernichtung des vermeintlichen Gegners ausgerichtete Haß die Seele des aggressiven Hassers, so daß er auf seine Umgebung freudlos und verkrampft wirkt. Aggressives Verhalten verhindert zwar jede Einsicht in die eigenen Fehler; aber in kurzen friedlichen Phasen spürt der Mensch, daß mit ihm etwas nicht stimmt. Und das macht ihn noch hilfloser und noch aggressiver.

Eifersucht

Ganz frei von Eifersucht ist wohl kein Mensch, zumal wenn sich der geliebte Partner einem Dritten zuwendet, um bei ihm dauerhaft das zu suchen, was er in der ursprünglichen Beziehung nicht gefunden hat. In solchen Fällen ist es verständlich und eine ganz gesunde Reaktion, wenn sich jemand verletzt und zurückgesetzt vorkommt. Zerstörerisch aber ist die unbegründete Eifersucht, die auch dem Partner das Leben zur Hölle macht. Sie entspringt einem starken Unsicherheits- und Minderwertigkeitsgefühl, die durch Macht- und Besitzansprüche an den Partner ausgeglichen werden sollen. Vor allem unreife, unselbständige Menschen neigen zur krankhaften Eifersucht, die immer zu einem ruhelosen, gereizten, mißtrauischen Auftreten führt.

Habgier und Geiz
Materialistisches Denken, eine Überbewertung materialistischer Werte sind in unserer Leistungsgesellschaft weit verbreitet. Denn es heißt ja bekanntlich: Hast du was, dann bist du was. Tatsächlich ist das Selbstwertgefühl des Habgierigen nur schwach entwickelt, so daß er es durch Besitzanschaffung stärken möchte. Dabei sind das erworbene Hab und Gut nur Selbstzweck und können überhaupt nicht genossen werden. Das materialistische Denken macht jede Freude an den schönen Dingen des Lebens unmöglich. Es versetzt den Habgierigen in einen Zustand ständiger Anspannung; denn er muß ja nicht nur neuen Besitz sammeln, sondern lebt auch in der Angst, das Erworbene wieder zu verlieren.

Zwischenmenschliche Beziehungen werden nur nach ihrer Nützlichkeit für die Besitzvergrößerung geknüpft. So vereinsamt der Habgierige immer mehr, und sein Gefühlsleben verkümmert. Unter den Habgierigen und Geizigen trifft man häufig auch den aalglatten Typ an, der alle Entscheidungen bewußt verzögert, um sich viele Möglichkeiten der Bereicherung offenzuhalten. Die eigene charakterliche Unzulänglichkeit wird dann geschickt hinter der Maske des unverbindlichen Perfektionisten verborgen.

Ehrgeiz
Ohne ein bißchen gesunden Ehrgeiz können wir unsere Lebensziele nicht erreichen. Aber das Streben nach Rekordleistungen kann auch zwanghaft werden. Ehrgeiz entspringt immer starken Minderwertigkeitsgefühlen, die durch immer neue Selbstbestätigung wettgemacht

werden müssen. Gleichzeitig ist Ehrgeiz so etwas wie eine Form der Selbstbestrafung; denn der Ehrgeizige schont sich nicht und verausgabt sich völlig. So ist er noch nicht einmal zur Eigenliebe fähig. Seine überhöhten Ansprüche überträgt er auch auf die Menschen seiner Umgebung, auf seine Familie oder auf die Mitarbeiter, in denen er gleichzeitig gefährliche Konkurrenten sieht, die ihn übertreffen könnten. Das Charakterbild des Ehrgeizigen ist häufig zusätzlich durch Neid, Eitelkeit und allgemeine Freudlosigkeit gekennzeichnet.

Mangel an Selbstvertrauen

Die Zaghaften, die Überempfindlichen, die Unterwürfigen – sie alle leiden unter einem wenig ausgeprägten Selbstvertrauen und unter dem Gefühl mangelnder Geborgenheit. Dieses Fehlen wichtiger Lebensvoraussetzungen führt zu unterschiedlichen Verhaltensweisen. Der Zaghafte, der sich selbst nichts zutraut, erwartet von seiner Umgebung ständig Trost und Hilfe. Dabei meldet er seine Forderungen oft ganz und gar nicht zaghaft, sondern mit erstaunlicher Beharrlichkeit an.

Auch der Überempfindliche erwartet von seinen Mitmenschen Vergünstigungen, also zum Beispiel den Verzicht auf jede Kritik, auch wenn sie sachlich und konstruktiv ausfällt. Seine dünne Haut ist für ihn eine Art Rechtfertigung für das ausgeprägte ich-bezogene Denken und für seine ständige Forderung nach Rücksichtnahme. Mißtrauisch beobachtet er seine Umwelt und reagiert sofort allergisch, wenn er sich von ihr falsch verstanden oder falsch behandelt fühlt.

Der Unterwürfige will sich für seine eigene Unzulänglichkeit selbst bestrafen, indem er sich ganz bewußt klein und unbedeutend gibt. Diese Erniedrigung wird oft geradezu lustvoll genossen. Gleichzeitig hofft er, durch die Unterwerfung Geborgenheit zu finden, und wenn es nur die des Sklaven ist, der im Haus des reichen Herrn einen festen Platz findet.

Darüber hinaus wird die selbstlose Aufopferungsbereitschaft hin und wieder dazu eingesetzt, erheblichen Zwang auf die Mitmenschen auszuüben – nach dem Motto: „Habe ich nicht alles für dich getan? Kann ich dafür nicht ein bißchen Dankbarkeit erwarten?"

Labiles Verhalten

Menschen, denen das Urvertrauen in sich selbst fehlt, sind allen Einflüssen von außen schutzlos ausgeliefert. Ruhelos sind sie auf der Suche nach Erlebnissen, die den Mangel an innerer Stabilität wettmachen sollen. Aber da es ihnen an Durchhaltevermögen fehlt, geben sie oft schon auf halber Strecke auf und beginnen etwas ganz Neues. Häufig flüchten sie mit Hilfe von Alkohol und Drogen in eine Scheinwelt. Unbeständig sind sie auch in ihren zwischenmenschlichen Beziehungen, wobei sie sich gerne Leuten anschließen, die sie aus irgendeinem Grund für stärker halten. Die gewinnen dann rasch Macht über den labilen Menschen, der häufig Opfer negativer Einflüsse wird.

Pechvögel und Glückspilze

An dem Morgen, an dem er sich bei der Firma vorstellen wollte, die ihm eine gut bezahlte Stellung in Aussicht gestellt hatte, rutschte der fünfunddreißigjährige kaufmännische Angestellte so unglücklich in der Badewanne aus, daß er mit einem komplizierten Knochenbruch in ein Krankenhaus eingeliefert werden mußte. Die freie Stelle wurde anderweitig vergeben.

Ein Jahr zuvor war ihm ähnliches passiert: Auf dem Weg zu einer wichtigen Besprechung mit seinem Chef, der mit ihm über seine Ernennung zum Abteilungsleiter reden wollte, lief er direkt vor ein Auto und wurde so schwer verletzt, daß er drei Wochen lang nicht arbeiten konnte. Inzwischen hatte ein Kollege das Rennen um den Posten des Abteilungsleiters gemacht.

Kein Wunder, daß alle seine Freunde überzeugt sind: „Er ist der geborene Pechvogel."

Gibt es sie wirklich – geborene Pechvögel, Persönlichkeiten, die so strukturiert sind, daß sie das Pech magisch anziehen? Oder beruht die Ballung von Unglücksfällen und Katastrophen, von denen manche Menschen immer wieder heimgesucht werden, auf keiner Gesetzmäßigkeit, sondern unterliegt lediglich dem Zufall?

Und wie ist es möglich, daß andere Männer und Frauen sozusagen von Natur aus wahre Kinder des

Glücks sind, denen ohne jedes eigene Zutun nur Gutes widerfährt.

Schon immer haben Menschen ernste Erkrankungen als besonders schwere Schicksalsschläge und großes Unglück angesehen. So lag es nahe, die Frage nach der Existenz der geborenen Pechvögel anhand der Häufigkeit von Erkrankungen zu untersuchen.

Der griechische Arzt Hippokrates, der Vater der Medizin, sah bereits im dritten Jahrhundert vor Christus einen engen Zusammenhang zwischen der Krankheit und dem „Temperament" des Patienten, also seiner seelischen Veranlagung. Und frühzeitig war bekannt, daß melancholische Menschen – heute würde man sie depressiv nennen – häufiger an Gallenleiden erkranken als heitere, unbeschwerte Personen. Denn das Wort „Melancholie" leitet sich vom griechischen „melas" = schwarz und „chole" = Galle ab.

Seitdem sich die moderne Medizin auf genaue klinische Befunde und unbestechliche Statistiken stützt, wird es immer deutlicher, daß bestimmte Persönlichkeitstypen eine Prädisposition für bestimmte Leiden haben, also besonders gefährdet sind. Es waren vor allem amerikanische Forscher, die sich mit diesem Problem eingehend beschäftigt haben und denen es schließlich gelang, mehreren weit verbreiteten Krankheiten ganz bestimmte Persönlichkeitsprofile zuzuordnen. Das versetzte sie umgekehrt in die Lage, allein aus Persönlichkeitsmerkmalen Rückschlüsse auf bereits durchgemachte Krankheiten zu ziehen oder Prognosen über noch zu erwartende Leiden abzugeben – Voraussagen, die sich in den meisten Fällen erfüllten.

So weiß man, daß Menschen, die auf ihre Umgebung sehr aktiv wirken und ständig impulsiv handeln, besonders anfällig für Erkrankungen der Herzkranzgefäße und für degenerative Arthritis sind. Wer dagegen seine Gefühle bewußt unterdrückt und sich ständig selbst kontrolliert, muß mit Gelenkrheuma und Kolitis (Dickdarmentzündung) rechnen.

Personen, die immer wieder auf die Befriedigung wichtiger Bedürfnisse verzichten müssen und daher stark frustriert sind, gelten als anfällig für Asthma, Diabetes (Zuckerkrankheit), Hypertonie (Bluthochdruck) und Migräne.

Viele Wissenschaftler, die sich mit diesem Kapitel der Persönlichkeitsforschung beschäftigt haben, geben allerdings zu, daß sich zu der Disposition, also zu der Anfälligkeit, ein Faktor X gesellen muß, damit es zu der Katastrophe, also zum Ausbruch der Krankheit, kommt. Der Faktor X – das können unbewältigte Erlebnisse, aber auch eine ungesunde Lebensweise, Alkohol- und Nikotinmißbrauch sein.

Es ist eine wissenschaftlich erwiesene Tatsache, daß bestimmte seelisch nicht verkraftete Erlebnisse den Ausbruch von Krebserkrankungen begünstigen können. So wurde festgestellt, daß die Mehrzahl der Patientinnen mit Gebärmutterhalskrebs vor Ausbruch des Leidens einen schweren Verlust erlitten hat, beispielsweise den Tod eines Kindes oder die Trennung von dem Partner.

Macht also erst das Auftreten des entscheidenden Faktors X den wahren Pechvogel aus? An dieser Stelle ist die Forschung in eine Sackgasse geraten.

Aufschlußreicher ist da schon die wissenschaftliche

Beschäftigung mit sogenannten Unfallpersönlichkeiten und Katastrophentypen. Bevor sich die Mitarbeiter des Columbia Presbyterian Medical Centers in New York eingehend mit diesem Typus beschäftigten, ging man davon aus, daß bei Unfällen psychische Einflüsse des Opfers ausgeschlossen sind. Doch dann erkannten die Wissenschaftler zu ihrem Erstaunen, daß Knochenbrüche und andere Verletzungen keineswegs immer zufällige Mißgeschicke sind, sondern daß häufig emotionale, persönlich bedingte Einflüsse zu dem Unfall geführt haben.

Die Wissenschaftler interessierten sich in erster Linie für die Unfallopfer, die ihr Unglück selber verschuldet oder zumindest durch leichtfertiges Verhalten heraufbeschworen hatten. Bei einer eingehenden Untersuchung der Biographien dieser Leute fiel auf, daß die meisten Pechvögel bereits mehrmals in Unfälle verwickelt worden waren, wobei sie sich mit einer beklemmenden Gesetzmäßigkeit von relativ harmlosen Zwischenfällen über schwere Unglücke bis hin zur Katastrophe mit Dauerschäden oder sogar mit tödlichem Ausgang „steigerten".

Und so sieht nach den Feststellungen der amerikanischen Forscher das Persönlichkeitsprofil des Unfalltypus aus: Nach außen hin geben sich diese Menschen locker, optimistisch, lebensbejahend. Sie strahlen viel Charme aus, gelten als kontaktfreudig und gegenwartsorientiert. Die Zukunft interessiert sie wenig.

Auf der anderen Seite zeichnet sich der Charakter des Pechvogels durch ein unstetes Verhalten, mangelnde Zielstrebigkeit und Labilität aus. Ängstlich vermeidet er es, Verantwortung zu übernehmen. Sogar für sich selbst lehnt er die Verantwortung ab und verläßt sich ganz auf andere Leute – auf seinen Arzt zum Beispiel, der für ihn entscheiden soll, was ihm guttut und was ihm schlecht bekommt, oder auf den anderen Autofahrer, von dem stillschweigend erwartet wird, daß er noch rechtzeitig bremst, um einen Zusammenstoß zu verhindern.

Dieses Unstete verführt immer wieder zu raschen, impulsiven Entschlüssen – eine Eigenschaft, auf die die meisten Unglücksraben auch noch stolz sind: „Ich bin nicht ängstlich und zaghaft, sondern entscheide mich sofort."

Dabei werden durch dieses Verhalten immer wieder riskante Situationen heraufbeschworen. Hinzu kommt eine erschreckende Unfähigkeit, sich Konflikten zu stellen, sie zu durchschauen und dann zu lösen. Das führt auf die Dauer zu starken inneren Spannungen, die unwillkürlich durch irgendwelche völlig unüberlegten Betätigungen abgebaut werden sollen. Diese impulsiven Ausbrüche haben oft einen geradezu selbstzerstörerischen Charakter.

Gemeinsam ist den Unfalltypen – nach den amerikanischen Forschungen – auch ein gespanntes Verhältnis zu der Autorität sowie zu allen Personen und Einrichtungen, die auf eine besondere Weise respektiert werden wollen: Vorgesetzte, Partner, Staat, Kirche und so weiter.

Nach außen sieht es so aus, als habe sich der Mensch mit der Autorität arrangiert. Aber hinter der Maske des braven Durchschnittsbürgers verbirgt sich eine Vielzahl von Spannungen, die sich irgendwann nicht mehr unterdrücken lassen. Das kritische Urteilsvermögen ist dann ausgeschaltet, die Gefahr wird nicht rechtzeitig erkannt.

Oft passieren die Unglücksfälle als eine Art Reaktion auf Handlungen, zu denen sich das Unfallopfer gezwungen sah. Ein Autounfall ereignet sich während des Ausflugs, auf dem die Ehefrau energisch bestanden hat; der folgenschwere Sturz erfolgte auf dem Weg zur Nachtschicht, die die Geschäftsleitung sehr zum Ärger des Mitarbeiters völlig überraschend angeordnet hatte.

Doch damit sind längst noch nicht alle Wesensmerkmale erfaßt, durch die Unfalltypen immer wieder in gefährliche Situationen geraten. Hinzu kommt oft noch eine nur schwach ausgeprägte Willenskraft, die im Alltag meistens geschickt verschleiert wird. Aber in Augenblikken, in denen es darauf ankommt, den eigenen Willen zu mobilisieren und genau das Richtige zu tun, tritt dieser Mangel deutlich zutage. Der Mensch gibt sich rasch selber auf und geht unter. Aus der Medizin weiß man aber, wie wichtig der Wille des Patienten für die Genesung ist.

Es scheint so, als hätten die Wissenschaftler mit diesem Psychogramm nicht nur den speziellen Unfalltypus gekennzeichnet, sondern auch den Pechvogel ganz allgemein.

Denn die Charaktermerkmale, die zu Unfällen führen, lösen auch andere Katastrophen aus. Bei vielen Unglücksraben wird ein nur mangelhaft entwickeltes Verantwortungsgefühl, die Neigung zu impulsiven Handlungen, fehlende Willenskraft und ein gespanntes Verhältnis zur Autorität beobachtet.

Hinzu kommt, daß sich viele ausgesprochene Pechvögel die selbst verschuldeten Fehler nicht verzeihen können und unfähig sind, aus den Rückschlägen zu lernen. Ständiges Fehlverhalten führt bei ihnen zu Minderwertigkeitskomplexen, die dann oft durch unüberlegte Verhaltensweisen wieder wettgemacht werden sollen.

Ein anschauliches Beispiel für dieses verhängnisvolle Wechselspiel ist der Mann, der von sich behauptet: „In Geldangelegenheiten habe ich immer Pech. Ich komme einfach auf keinen grünen Zweig."

In Wirklichkeit kann er sich selbst nicht verzeihen, daß er an seinem Arbeitsplatz immer noch nicht Karriere gemacht hat. Anstatt daraus Rückschlüsse zu ziehen und eine kritische Prüfung seiner eigenen Fähigkeiten vorzunehmen, fällt er immer wieder gutgläubig auf Einflüsterungen herein, von denen er sich das Ende seiner Minderwertigkeitskomplexe verspricht.

Unseriöse Geschäftemacher ziehen ihm das Geld aus der Tasche oder verleiten ihn zu neuen Verpflichtungen mit dem Versprechen, auf diese Weise rasch beachtliche Gewinne erzielen zu können. Doch stets enden diese Geschäfte mit Pleiten und herben Enttäuschungen.

Natürlich ist niemand gegen Unglücksfälle und Pech gefeit, und der Ziegel, der vom Dach fällt, kann den Gradlinigen, Willensstarken ebenso treffen wie den Menschen mit dem zwiespältigen, komplizierten Charakter. Aber bei den Leuten, die sich selber als Stiefkinder des Glücks ansehen, liegen die Ursachen für das Pech oft in der eigenen Persönlichkeit.

Das gilt nach neuen Forschungen sogar für manche Opfer von Gewaltverbrechen – eine Feststellung, durch die nicht etwa der Täter entschuldigt werden soll.

Als die junge Frau nach Mitternacht feststellen muß,

daß der letzte Bus bereits abgefahren ist, beschließt sie ganz spontan, den Heimweg von der abseits gelegenen Diskothek per Anhalter anzutreten, anstatt eine Taxe zu rufen. Sie schlägt damit die Warnungen ihres Verlobten in den Wind, der ihr immer wieder geraten hat, bei Dunkelheit nicht in fremde Autos einzusteigen. Aber seine Fürsorge empfindet die junge Frau seit einiger Zeit als unerträgliche Bevormundung.

Nach kurzer Wartezeit hält neben ihr ein Wagen an. Der etwas verwegen gekleidete Fahrer lädt sie zur Mitfahrt ein, und obwohl sie zu dem Mann am Steuer kein Vertrauen hat, steigt sie ein, weil sie unwillkürlich ein Abenteuer wittert, das sie reizt. Sie handelt dabei aus einer gewissen Trotzreaktion heraus, mit der sie sich an dem Bräutigam rächen will, von dem sie sich immer mehr eingeengt fühlt. Bald wird ihr der Fahrer unheimlich, weil er sie ständig mit lauernden Seitenblicken mustert.

Nun glauben viele Kriminologen, daß es in solchen gefährlichen Augenblicken immer noch eine Chance gibt, die heikle Situation zu beenden, wenn das potentielle Opfer selbstbewußt auftritt und energisch fordert: „Halten Sie bitte an! Ich will aussteigen!"

Noch hat der Fahrer keine Annäherungsversuche gemacht und kann sich zurückziehen, ohne das Gesicht zu verlieren.

Aber die Beendigung der Gefahrensituation setzt nicht nur eine gewisse Zivilcourage, sondern auch Willenskraft voraus, und die fehlt in unserem Fall der jungen Frau. Sie hat sich längst mit ihrer Lage abgefunden und ahnt, was ihr bevorsteht. Willenlos ergibt sie sich in ihr Schicksal, als der Fahrer in einen einsamen Weg einbiegt und sie dort brutal mißbraucht.

Später wird das Opfer dieses Sexualverbrechens von sich selber behaupten: „Das kann nur mir passieren. Ich bin eben ein ausgesprochener Pechvogel.“

Den Menschen, dem wegen seiner Wesensart immer wieder Mißgeschicke widerfahren, haben wir damit ausreichend beschrieben. Und was macht nun das Gegenstück, den Glückspilz aus? Nicht etwa in Umkehrung der eingangs beschriebenen Merkmale blinde Autoritätshörigkeit und zögerndes, statt impulsives Handeln. Der glückliche Mensch lebt vielmehr ganz bewußt und eigenverantwortlich. Ohne dadurch angespannt zu wirken, mobilisiert er in entscheidenden Augenblicken seinen Willen und kennt vor allem das Geheimnis der „positiven Erwartungshaltung“. Es klingt simpel, ist aber wissenschaftlich erwiesen: Wer von Anfang an davon überzeugt ist, daß seine Handlungen von Erfolg gekrönt sein werden, hat den Erfolg meistens schon in der Tasche.

Wen wir mögen und wen nicht

In den vorangegangenen Kapiteln haben Sie gelernt, Ihre Menschenkenntnisse zu vertiefen und die vielen verschlüsselten Signale richtig zu deuten, die jeder von uns ununterbrochen aussendet – sogar im Schlaf, wie wir gesehen haben. Ihr Blick für die Stärken und Schwächen Ihrer Mitmenschen hat sich dadurch hoffentlich geschärft.

Und dennoch werden Sie sich nach wie vor ganz spontan zu Leuten hingezogen fühlen, ohne genau sagen zu können, worauf Ihre Sympathie beruht, während Sie andere Mitmenschen instinktiv auf Anhieb ablehnen werden.

Rein theoretisch ist alles ganz klar. Wir mögen den Tatkräftigen, den Humorvollen, der voller Optimismus durchs Leben geht, den Selbstbewußten, der auch seine Mitmenschen achtet, oder den Sensiblen, der feinfühlig auf uns eingeht.

In der Praxis sieht alles etwas komplizierter aus. Wir alle neigen dazu, aus dem Verhalten anderer sofort Rückschlüsse auf deren Charaktereigenschaften zu ziehen, wobei wir immer nur unsere eigenen, ganz privaten Erfahrungen als Maßstab zugrunde legen. Für die Motive und Bedingungen des Handelns interessieren wir uns nicht.

Den Kollegen, der uns großzügig einen Gefallen tut,

halten wir sofort für einen hilfsbereiten Menschen. Gleichzeitig nehmen wir an, daß er uns auch ein zweites Mal hilfreich zur Seite stehen wird. Da uns Winkelzüge dieser Art völlig fremd sind, denken wir gar nicht daran, daß die Hilfsbereitschaft des Kollegen vielleicht in Wirklichkeit eiskalte Berechnung war. Immerhin besteht die Möglichkeit, daß er sich von seiner Hilfeleistung einen handfesten Vorteil verspricht und uns demnächst die Rechnung präsentiert. Die Handlung allein sagt noch nichts über den wahren Charakter des Menschen aus.

Wer die Ursachen für das Verhalten eines Menschen immer nur in der Person sucht und nicht in den Einflüssen und Bedingungen, denen er zum Zeitpunkt des Handelns ausgesetzt war, zimmert sich zwar eine überschaubare Wahrnehmungswelt zusammen, deren weitere Entwicklung sich sogar präzise voraussagen läßt (wer sich einmal hilfsbereit gezeigt hat, wird es auch wieder tun), aber er versperrt sich gleichzeitig den Zugang zu vielen seiner Mitmenschen, tut ihnen Unrecht oder überbewertet sie.

Dafür ein Beispiel aus dem Alltag: Eine junge Dame aus meinem Bekanntenkreis, die seit einem Jahr mit einem Polizisten verlobt war, erlebte eines Tages zufällig mit, wie ihr Verlobter und seine Kollegen mit Gummiknüppeln und Tränengas gegen gewalttätige Demonstranten vorgingen.

Zutiefst erschüttert meinte sie später: „Mein Bräutigam hat mich die ganze Zeit getäuscht. Ich wußte gar nicht, daß er so aggressiv und brutal ist. Ich kann nicht länger mit ihm zusammen sein; denn er wird mich bestimmt wieder hinters Licht führen und mich über seinen wahren Charakter hinwegtäuschen."

Angeborene oder vielleicht auch anerzogene Aggressivität wurde in diesem Fall als Ursache des aggressiven Verhaltens angenommen. Und prompt folgerte die junge Dame: „Wer aggressiv und brutal ist, ist auch unberechenbar und verlogen." So kam sie zu dem Urteil: „Er hat mich getäuscht und wird mich wieder hinters Licht führen." Dieser Rückschluß war gemeint, wenn eingangs behauptet wurde, die Entwicklung einer auf das Verhalten ausgerichteten Wahrnehmungswelt sei präzise voraussagbar.

Hätte sich die junge Frau die Mühe gemacht, sich in die Situation ihres Bräutigams während der Demonstration zu versetzen, dann hätte sie vielleicht verstanden, daß er sich nur aus Angst vor den gewalttätigen Chaoten so brutal verhalten hatte. Und außerdem stand er unter dem Druck seiner Kollegen, die natürlich von ihm erwarteten, daß er sich wehrte. So handelte er in diesem Augenblick völlig anders, als es eigentlich seinem wahren Wesen entsprach.

Es ist ganz typisch, daß die Frau dem flüchtigen Eindruck mehr vertraute als dem Urteil, das sie sich während der langen Verlobungszeit über den Mann gebildet hatte.

Im Umgang mit unseren Mitmenschen sollten wir unsere Aufmerksamkeit mehr auf die Umstände ihres Handelns richten und nicht der Verführung erliegen, von ihrem Verhalten auf ganz bestimmte Eigenschaften kurzzuschließen.

Die arabische Lebensweisheit „Geh eine Meile in meinen Schuhen" ist ein Schlüssel zum besseren Verständnis anderer und auch zu mehr sozialem Verhalten.

Zwischenmenschliche Beziehungen entwickeln sich nach ganz bestimmten Regeln, die wir längst nicht immer durchschauen. Die Entscheidung, den einen sympathisch und den anderen unsympathisch zu finden, ist vom Zusammenspiel vieler Faktoren abhängig.

Gilt nun eigentlich das Sprichwort „Gleich und gleich gesellt sich gerne" oder hat die Lebensweisheit „Gegensätze ziehen sich an" Gültigkeit? Beide Erkenntnisse haben wohl ihre Berechtigung.

Viele von einer Krise bedrohte Ehen, in denen der Mann in der Freizeit seinen Steckenpferden nachgeht, könnten gerettet werden, wenn die Frau die Interessen des Partners teilen würde. Gleich und gleich gesellt sich gerne.

Der Mann aber, der bei Gesellschaften gerne als Unterhalter im Mittelpunkt steht und sich bewundern läßt, braucht keine Partnerin, die ihm die Schau stiehlt, sondern eine stille, bescheidene Frau, die ihm bewundernd zuhört, obwohl sie seine Geschichten längst auswendig kennt.

Es mag ernüchternd klingen, aber es ist dennoch wahr: Auf dem Gebiet der zwischenmenschlichen Beziehungen gelten ähnliche Regeln wie auf dem Arbeitsmarkt: geben und nehmen.

Wir verteilen unsere Gunst nach Nützlichkeitserwägungen, wie auch wir nur von den Leuten geliebt und gemocht werden, die sich etwas von uns versprechen – und seien es nur Lob und Anteilnahme.

Der prominente amerikanische Lebensberater Dale Carnegie schreibt in seinem Bestseller „Wie man Freunde gewinnt": „Wenn du willst, daß dich jemand gern hat, dann sei nett zu ihm. Spiele ihm Interesse an seinen Angelegenheiten vor, sei großzügig mit Lob."

Das hört sich sehr platt und vordergründig an, aber der Ratschlag hat sich bewährt: Wir alle neigen dazu, diejenigen zu mögen, die uns mögen und die genauso denken wie wir. Wird unser Weltbild von anderen bestätigt, dann fühlen wir uns beruhigt und empfinden für sie sofort Sympathie.

Doch dieses Rezept hat seine Grenzen. Lob und Anerkennung dürfen nicht allzu dick aufgetragen werden. Denn wenn sich die Schmeichelei so gar nicht mit dem eigenen Selbstbild in Einklang bringen läßt, fühlt sich der Gelobte verhöhnt und reagiert mit heftiger Ablehnung.

Am Anfang einer Begegnung kann die Übereinstimmung der Meinungen für die Weiterentwicklung der Beziehung förderlich sein. Auf die Dauer aber sind uns die Partner am liebsten, die uns ihre Wertschätzung zeigen, obwohl sie ganz andere Ansichten vertreten. Das gibt uns das beglückende Gefühl, um unserer selbst willen gemocht zu werden. Wir glauben: An mir muß doch etwas ganz Besonderes sein. Und das wiegt die Abweichungen der Meinungen tausendmal auf.

Zu den Nützlichkeitserwägungen, die die Basis der meisten Liebesbeziehungen und Freundschaften darstellt, gehört auch die Gefälligkeit, die wir unseren Freunden erweisen. Wer anderen gefällig ist, muß diese Handlung vor sich selbst rechtfertigen, wenn er nicht als selbstloser Dummkopf dastehen will. Und oft lautet diese Rechtfertigung nur: Er ist eben ein netter Kerl. Darum habe ich ihm den Gefallen getan.

Der amerikanische Politiker Benjamin Franklin lieh

sich ausgerechnet von einem seiner erbittertsten politischen Gegner ein besonders kostbares Buch. Der andere war wohl von dieser Bitte so überrascht, daß er sie nicht abschlagen konnte. Hatte der Gegner vorher Franklin immer wieder scharf angegriffen und sogar beleidigt, so begegnete er ihm plötzlich mit großer Freundlichkeit und mit ausgesprochenem Respekt.

Wie war dieser Sinneswandel zustande gekommen? Der politische Gegner hatte Benjamin Franklin einen Gefallen getan, den er im nachhinein irgendwie rechtfertigen mußte. Also sagte er sich: „Dieser Franklin kann gar kein schlechter Mensch sein."

In einem der ersten Kapitel dieses Buches sind Sie aufgefordert worden, sich bei der Beurteilung von Menschen nicht von Äußerlichkeiten beeinflussen zu lassen. Aber es ist nun einmal eine Tatsache, daß gutes Aussehen, Schönheit oder physische Attraktivität die Kontaktanbahnung zu anderen Personen erleichtern. Wir empfinden für gutaussehende Menschen schneller Sympathien als für unauffällige oder gar häßliche Zeitgenossen.

Erst wenn sich die Beziehung vertieft, verliert diese Qualität ihre Bedeutung. Alle Männer träumen zwar heimlich von einer atemberaubend schönen Frau, aber am Ende heiraten sie dann doch Partnerinnen, deren Aussehen sich auf ihrem eigenen Äußerlichkeitsniveau befindet.

Entscheidend für die Verteilung der Sympathien ist auch die Frage: Halten wir den Mitmenschen, dem wir zum ersten Mal begegnen, für tüchtig und kompetent?

Vor allem für Frauen spielt die Kompetenz des Mannes bei der Partnerwahl eine wichtige Rolle. Das ergaben viele wissenschaftliche Tests.

Doch allzu perfekt darf der Mensch nicht sein, der von uns gemocht werden will. Kleine Fehler erwecken automatisch Anteilnahme und Sympathien.

Eine andere wichtige Voraussetzung für die Entwicklung guter zwischenmenschlicher Beziehungen ist räumliche Nähe. Sie werden den Kollegen, mit dem Sie Tag für Tag ein Büro teilen, eher sympathisch finden als den Nachbarn, dem Sie nur auf der Straße begegnen.

Ein Jahr, nachdem ein Wohnheim für Studentinnen bezogen worden war, wurden die Bewohnerinnen, die sich erst bei dem Einzug kennengelernt haben, aufgefordert, eine Rangliste ihrer Freundinnen aufzustellen, wobei die beste Freundin den ersten Platz einnehmen sollte. Es zeigte sich, daß alle Testpersonen die unmittelbaren Zimmernachbarinnen, mit denen sie Wand an Wand lebten, auf die Plätze eins und zwei gesetzt hatten. Mit der Entfernung der einzelnen Zimmer sank auch der Grad der freundschaftlichen Beziehungen.

Wenn Sie also an guten Beziehungen interessiert sind, dann suchen Sie die Nähe der Menschen.